Franziska Rudau

Astrologiekarten
Das kosmische Netz

Astrologische Symbole zur Erweckung
unseres inneren Potentials

WINDPFERD

Die Informationen in diesem Buch sind nach bestem Wissen und Gewissen dargestellt. Die Autoren und der Verlag übernehmen jedoch keine Haftung für irgendwelche Schäden aus dem richtigen oder unrichtigen Gebrauch der in diesem Buch vorgestellten Methoden. Diese sind zur Information und zur Weiterbildung gedacht.

1. Auflage 2005

Umschlaggestaltung: Marx Grafik & ArtWork – unter Verwendung einer Illustration von Franziska Rudau
Layout: Marx Grafik & ArtWork
Illustrationen im Innenteil: Franziska Rudau
Lektorat: Suse Weber
Gesamtherstellung: Schneelöwe Verlagsberatung & Verlag, Aitrang
www.windpferd.de
ISBN 3-89385-470-3

Printed in Germany

Diese Arbeit widme ich dem Wohl aller Lebewesen.
Mögen alle Lebewesen Glück und Frieden erlangen.

Die Astrologiekarten

Die Bildsymbolik der Astrologiekarten macht die jeweiligen Energien und Kräfte sichtbar und bringt deren positive Schwingungen zum Wirken. Die Bilder greifen tiefer als rational-intellektuelle Worte und sprechen eine andere, ganzheitliche Wahrnehmungsebene an.

INHALT

DAS NETZ DER ENERGIE

Im Anfang war das Allesenthaltende, das Chaos, das zugleich das Nichts ist. Es erzeugte die Einheit, die Ganzheit, den Geist: Logos, den Unterscheidenden. Dieser teilte das Chaos in die polaren Gegensätze, er schuf Licht und Dunkelheit, Himmel und Erde, Yang und Yin. Daraus entstand die Dreiheit und damit die ganze Welt. Doch die Trennung war nur scheinbar. Die Urpaare blieben verbunden im Netz der Energie, in Spannung, Bewegung, Schwingung, in Anziehung, Liebe und Ekstase – in der Einheit.

Der Kosmos ist Schwingung. Das All, das Universum, die sichtbare Welt, die unsichtbare Welt – alles ist Energie, ist Schwingung, Klang und Licht. Schwingung bewirkt Resonanz und Rhythmus. Schwingung, Resonanz und Rhythmus sind die Urphänomene des Seins. Sie bilden das Energienetz, das kosmische Netz, in dem wir alle mit allem verbunden sind.

In diesem Netz leben und wirken wir, knüpfen Beziehungen und tauschen uns aus. Auch wenn wir diese Vernetzung bewusst nicht wahrnehmen können, ändert das nichts an ihrer Existenz. Manchmal erleben wir sie konkret durch unerklärliche Koinzidenz. Wir sprechen dann von Zufall, Duplizität der Ereignisse, Synchronizität. Die morphogenetischen Felder, die Angehörige einer Art miteinander verbinden, entstehen in diesem Netz, ebenso die Fraktale, die zeigen, wie sich das Große im Kleinen, das Kleine im Kleinsten wiederholt.

Menschheit, Staat, Familie, wir selbst sind kleine Netze im großen Netz der Ganzheit. Verbunden mit allen anderen, unterliegen wir ihren Einflüssen und üben Einfluss auf sie aus. Energie, Resonanz und Rhythmus sind auch die Urphänomene unseres ganz persönlichen Seins.

Wenn unser Energiekörper im Netz der Energie frei schwingen kann, fühlen wir uns aufgehoben und ‚in tune'. Unsere Lebenskraft fließt und wir fließen mit dem Fluss des Lebens. Das ist der Idealfall.

Um diesen zu erreichen, gibt es jedoch einige Aufgaben zu lösen. Ungelöste Konflikte aus unserer Vergangenheit blockieren uns und hindern uns daran, seelisch und spirituell zu wachsen. Um diese Blockaden zu lösen und unser seelisches und geistiges Potential zu entfalten, sind wir hier. Der Stand der Gestirne bei unserer Geburt zeigt, welche Lernaufgaben wir uns in der Schule des Lebens vorgenommen haben. Die Gestirne geben auch den Zeitplan vor, in welchem Lebensabschnitt uns welche Aufgaben gestellt werden.

Ist also alles vorbestimmt? Sind wir determinierte Wesen, die blind dem Weg folgen müssen, den uns die Sterne vorgeben? Genau das ist nicht der Fall. Wir bringen zwar bestimmte Voraussetzungen mit (diese kann man im Horoskop erkennen), doch was wir daraus machen, liegt bei uns. Es ist wie beim Kartenspiel: Wir bekommen bestimmte Karten zugeteilt. Wie wir sie ausspielen, ist unsere Sache. So kann der Eine aus einem schlechten Blatt einen Gewinn erzielen, der Andere mit guten Karten alles verspielen. Es geht daher um die Chance, aus unseren Karten das Beste zu machen, und dabei kann uns die Astrologie helfen. Denn die Zeichen des Makrokosmos sind auch Hinweise für unseren Mikrokosmos. Richtig gedeutet, fördern sie Selbsterkenntnis und Selbstentfaltung und helfen unserem seelischen Universum, sich in die kosmische Harmonie einzuschwingen.

ZEICHEN DES KOSMOS – ZEICHEN DER NATUR

Omnis mundi creatura quasi liber et pictura nobis est et speculum.
Ein jegliches Geschöpf der Welt ist gleichsam ein Buch
und ein Bild für uns und ein Spiegel.

ALANUS AB INSULIS

Astrologie heißt Sternenkunde oder Botschaft der Sterne. Sie ist die Wissenschaft von den kosmischen Energiequalitäten und ihren Entsprechungen in der geistigen, seelischen und materiellen Welt. Im Horoskopdiagramm sind sie graphisch dargestellt. In der Welt der Materie können wir sie an ihrer Signatur erkennen – an Indizien und Hinweisen, die ihr Wirken hervorbringt.

Schon die Menschen der Vor- und Frühzeit beobachteten den Zusammenhang zwischen dem Lauf der Gestirne und den Ereignissen, die synchron dazu auf der Erde geschahen. Sie gingen dabei nicht von Theorien und Versuchsanordnungen aus, sondern beobachteten exakt und unvoreingenommen, was sich zeigte und lernten, im Buch der Natur zu lesen und daraus zu lernen. Auf diese Weise entwickelten sie die Signaturlehre, die wahrscheinlich der älteste Erkenntnisweg des Menschen ist.

Die Signaturlehre beruht auf dem Wissen, dass alles auf energetische Weise miteinander verbunden ist und dass die geistige, die seelische und die materielle Welt einander entsprechen und einander erzeugen. In diesem ‚senkrechten Weltbild' erkennen wir Zusammenhänge anhand von Analogien anstelle von Kausalitäten. Diese Analogien sind Entsprechungsketten, die letztendlich auf zwölf Urprinzipien oder Urenergien, also die zwölf Sternzeichen zurückführen. Erkennen können wir die Entsprechungen an ihrer Signatur, an Erkennungszeichen, die sie als zu einem oder mehreren der zwölf Urprinzipien gehörig ausweisen.

Das analoge Denken verbindet oben mit unten und unten mit oben. Wir können damit das Geistige in der Materie erkennen und das Materielle im Geistigen. Nehmen wir als Beispiel eine Fichte: Im konkreten Denken ist sie einfach ein Nadelbaum. Wir beurteilen vielleicht ihren Wuchs, ihren Wert, oder ähnliches. Im analogen Denken erkennen wir an ihr die Signatur des Saturn: regelmäßiger Aufbau, Genügsamkeit, Ausdauer.

Die menschliche Psyche verbindet materielle und geistige Welt miteinander. Sie denkt in Symbolen, Analogien und Assoziationen und kann in unserer Fichte den Baum des Lebens sehen, weil diese immergrün auch die ‚tote' Jahreszeit übersteht. Wir assoziieren vielleicht Weihnachten mit ihr, erinnern uns an Kindheit und Familie. Intuitiv verstehen wir, warum wir in der Zeit der langen Nächte einen immergrünen Baum in unser Wohnzimmer stellen: Wenn die Natur scheinbar tot ist, holen wir als Symbol der Hoffnung auf die zyklische Wiederkehr von Sonne, Wärme und Vegetation einen ‚Lebensbaum' in unser Haus, und damit ein Gefühl der Geborgenheit und des Aufgehobenseins in unsere Seele.

Symbole sind Schöpfungen der menschlichen Psyche, Gestalt gewordene psychische Energie. Sie folgen der Logik der Signatur und lassen sich mit ihrer Hilfe deuten. Symbole sprechen die ganze Psyche an und verbinden unser Bewusstsein mit unserem Unbewussten. Symbole eröffnen uns Zugang zu unserem Unbewussten und damit zu unserem inneren Potential des Verständnisses und der Heilung. Mit ihrer Hilfe können wir die Kräfte unserer Innenwelt integrieren und die Ereignisse unserer Außenwelt verstehen lernen und sie für unseren Entwicklungsprozess nutzbar machen.

C. G. Jung nannte Symbole Energietransformatoren. Sie sprechen unser ganzheitliches Denken an, erschließen neue Seelenräume und fördern Selbstheilung und Transformation.

Die Symbolik der Astrologiekarten vermittelt uns auf nonverbale Weise die Essenz des jeweiligen Energieprinzips. Während Worte zunächst immer unseren rationalen Verstand ansprechen, wenden sich Bilder direkt an unsere intuitive, ganzheitliche Wahrnehmung. Um eine der kosmischen Energiequalitäten in uns zu stärken und zu harmonisieren, genügt es, wenn wir die Symbole der Karten auf uns wirken lassen, indem wir die jeweilige Karte absichtslos, also ohne besondere Erwartungen, betrachten.

Ein Horoskop ist ein Diagramm der Planetenpositionen am Himmel zu einem bestimmten Zeitpunkt und von einem bestimmten Ort der Erde aus gesehen. Es zeigt eine einzigartige, einmalige Konstellation (‚Zusammensternung'), wie sie sich nur an diesem Tag, in dieser Minute und an diesem Ort ereignet hat. Keine Konstellation wird sich jemals exakt wiederholen. Das Horoskop beschreibt somit einen bestimmten Augenblick an einem bestimmten Ort. Es ermöglicht eine qualitative Betrachtung dieses Augenblicks und der Ereignisse, die zu diesem Zeitpunkt stattfanden.

Ein Horoskop besteht aus drei Hauptkomponenten: Sternzeichen/Tierkreiszeichen, Planeten und Häuser.

Sternzeichen

Die Sternzeichen entsprechen dem Himmel, der Welt des Geistes, dem Reich der Ideen und Möglichkeiten. Von der Erde aus gesehen, scheinen sich Sonne, Mond und die Planeten auf einer bestimmten Bahn um die Erde zu bewegen. Diese Umlaufbahn wird Ekliptik genannt. Ihre Unterteilung in zwölf gleich große Abschnitte ergibt die **Sternzeichen** oder Tierkreiszeichen. Sie bezeichnen zwölf grundlegende **Energiequalitäten**, die sich als entsprechende Eigenschaften, Funktionen und Verhaltensweisen in allen Formen der Existenz ausdrücken.

Planeten

Die Planeten symbolisieren psychische Kräfte, die Seelenkräfte der Lebewesen. Jedem Sternzeichen ist ein Planet zugeordnet. Die **Planeten** symbolisieren die **Wirkkräfte** unserer Psyche: Kraftzentren, Teilaspekte oder Teilpersönlichkeiten, mit deren Hilfe unsere Psyche funktioniert.

Sonne und Mond sind keine Planeten, sondern die Himmelslichter. Sie werden der Einfachheit halber den Planeten zugerechnet. Die Rolle, die ihnen im Horoskop zugesprochen wird, spiegelt ihre reale Bedeutung am Himmel wider. Merkur und Venus sind jeweils mit zwei Karten vertreten, denn sie gehören, mit leicht unterschiedlicher Bedeutung, zu zwei Zeichen. Die Stellen, an denen sich die Umlaufbahnen von Sonne und Mond überkreuzen, sind besondere Kraftpunkte, Mondknoten genannt. Auch sie wandern, wie die Planeten, durch den Tierkreis, allerdings in entgegengesetzter Richtung. Sie geben Hinweise auf unser seelisches Entwicklungsziel.

Häuser

Die Planeten manifestieren sich in den Häusern, ihren Wirkungsbereichen auf der Erde, im Reich der Materie. Die **Häuser** beziehen sich auf die Erde. Sie unterteilen die Gesamtheit unseres Gesichtskreises, also unserer menschlichen Erfahrungsmöglichkeiten, in zwölf **Lebensbereiche**. Weil sich die Erde um ihre eigene Achse dreht, erscheint im Lauf eines Tages jeder Punkt der Ekliptik einmal am Osthorizont, steigt auf wie die Sonne, erreicht den höchsten Punkt und geht wie sie im Westen unter.

Der Schnittpunkt der Ekliptik mit dem Osthorizont wird Aszendent, der gegenüberliegende Schnittpunkt im Westen wird Deszendent genannt. Der höchste Punkt, die Himmelsmitte, ist das MC, der gegenüberliegende tiefste Punkt das IC. Diese vier Punkte stecken den Rahmen ab für die zwölf irdischen Häuser und bezeichnen Orte intensiver psychischer Kraftentfaltung. Jedes Haus entspricht einem Zeichen. Das erste Haus beginnt mit dem Aszendenten und entspricht dem Zeichen Widder, das vierte Haus beginnt mit dem IC und entspricht dem Zeichen Krebs, und so fort.

Im Universalhoroskop sind Zeichen, zugehöriges Haus und der entsprechende Planet miteinander in Deckung. In realen Horoskopen ergibt sich aus den Kombinationen der Häuser mit den Zeichen und den sich verändernden Aufenthaltsorten der Planeten in den Zeichen und Häusern eine unendliche Vielfalt an individuellen Konstellationen. Die Horoskopzeichnung hält in abstrakten Zeichen den jeweiligen Augenblick fest. In diesem Augenblick ist, wie in einem

Samenkorn, das ganze Wesen dessen enthalten, was sich im Lauf der Zeit daraus entwickeln wird.

Wenn wir uns unsere Psyche als Theaterstück vorstellen, dann sind die Planeten die Schauspieler, die ihre Rolle gemäß dem Zeichen spielen, in dem sie stehen, und die Häuser verweisen auf die Szenen, in denen sie auftreten.

Aspekte – die Beziehung der Planeten untereinander

Die Aspekte zeigen das Zusammenspiel unserer seelischen Wirkkräfte, unsere Stärken und inneren Konflikte und die Möglichkeiten, die uns daraus erwachsen.

Da sich die Erde um sich selbst dreht, verschieben sich die Zeichen gegenüber den Häusern so, dass im Lauf eines Tages jedes Zeichen einmal durch jedes Haus wandert. Mit den Zeichen bewegen sich die Planeten durch die Häuser. Gleichzeitig wandern sie mit unterschiedlichen Umlaufgeschwindigkeiten durch die Zeichen und verändern dabei ihre Stellung zueinander. Wie Personen, die sich in einem Kreis bewegen und einander aus wechselnden Abständen und Blickwinkeln anschauen, kommen sie dadurch in immer wieder andere Winkelbeziehungen zueinander. Diese werden Aspekte genannt.

Aus den Aspekten ergeben sich Antworten auf Fragen wie: Welcher unserer inneren Schauspieler spielt mit wem zusammen? Wie kommen sie miteinander aus? Gibt es Spannungen oder spielen sie einander zu? Wirken Kräfte zusammen, die einander ähnlich sind oder sind sie so gegensätzlich, dass sie einander behindern?

Je mehr es uns gelingt, auch widersprüchliche Seelenkräfte zu integrieren, umso mehr gewinnen wir an Energie und Lebensfreude.

Transite – der Zeitfaktor im Horoskop

Weil die Planeten sich weiterbewegen und nicht am Ort eines einmal erstellten Horoskops stehen bleiben, kommen die am Himmel laufenden Planeten nach und nach in unterschiedliche Positionen zu den Planetenständen, die im Horoskop festgehalten sind. Solche

Übergänge der laufenden Planeten zu den Planeten im Horoskop werden Transite genannt.

Im Prinzip handelt es sich dabei um Aspekte der laufenden Planeten zu den Planeten im Horoskop. Sie sind abhängig von der Umlaufzeit eines jeden Planeten und laufen nach dem seit Urzeiten festgelegten Plan der kosmischen Ordnung ab. Sie geben Auskunft über die aktuellen Themen unseres Lebens, darüber, welches unserer seelischen Potentiale gerade aktiviert wird und von uns bearbeitet werden kann. Transite sind der Zeitplan unserer seelischen Entwicklung. Dabei sind besonders die Transite der langsam laufenden Planeten von Bedeutung.

Die Umlaufzeiten der Himmelskörper durch die zwölf Tierkreiszeichen:

Sonne:	1 Jahr	Saturn:	29, 5 Jahre
Mond:	27,3 Tage	Uranus:	84 Jahre
Merkur:	rund 1 Jahr *)	Neptun:	164 Jahre
Venus:	rund 1 Jahr **)	Pluto:	248 Jahre
Mars:	rund 2 Jahre	Mondknoten:	rund 19 Jahre.
Jupiter:	12 Jahre		

*) entfernt sich maximal 28 Grad von der Sonne

**)entfernt sich maximal 48 Grad von der Sonne

DIE VIER ELEMENTE UND DIE DREI WANDLUNGSPHASEN

Die Grundlage des zwölfteiligen Horoskopkreises

Der Horoskopkreis, das zwölfteilige Spektrum der kosmischen Energie, ist aufgebaut auf der systematischen Kombination der vier Elemente mit den drei Wandlungsphasen (auch Modalitäten genannt). Die vier Elemente stehen für den Raum und die Materie, die drei Wandlungsphasen für die Zeit und die Wandlungsprozesse, die in der Zeit ablaufen. Zusammen bilden sie das Raum-Zeit-Kontinuum, in dem sich alles Leben, wie wir es kennen, abspielt.

Vier Elemente

Die vier Elemente (Erde, Wasser, Luft und Feuer) sind eine Einteilung der Welt in vier grundlegende Seinszustände. Sie symbolisieren die elementaren Eigenschaften der materiellen Welt: das Feste, das Flüssige, das Gasförmige und das Energetische. Alles, was wir mit unseren Sinnen wahrnehmen können, zeigt diese vier Grundeigenschaften, wenn auch in jeweils unterschiedlichen Mischungsverhältnissen. Dabei wird das Element Erde am besten durch die festen Körper, das Element Wasser am besten durch Wasser, das Element Luft durch die Luft, die uns umgibt und das Element Feuer durch die Wärme, also durch Feuer veranschaulicht.

Die Luft, die wir atmen, *ist* also *nicht* das Element Luft, sondern sie symbolisiert es, weil sie die Eigenschaften dieses Elements in besonderem Maße aufweist: das Verbindende, Bewegliche, Umschmeichelnde, nicht Greifbare. Und entsprechend verhält es sich mit Erde, Wasser und Feuer – sie *sind nicht* das jeweilige Element, sondern versinnbildlichen es in besonders anschaulicher Weise.

Die vier Elemente lassen sich nicht nur in der sichtbaren, materiellen Welt finden, sondern auch in den subtileren Welten der Vitalenergie, der Psyche und des Geistes.

Feuer steht für Lebenswärme, Spontaneität, Initiative, Tatkraft, Intuition, Lebensfreude; Erde steht für Stabilität, Gewissenhaftigkeit, Ausdauer, praktische Fähigkeiten, Empfindung, Zuverlässigkeit; Luft steht für Austausch, Kommunikation, Offenheit, Erkenntnis, Denken, Lernfähigkeit, soziale Kompetenz; Wasser steht für Erinnerung, Verträglichkeit, Fürsorglichkeit, Fühlen, Resonanzfähigkeit, emotionale Kompetenz.

In den Astrologiekarten sind die vier Elemente an ihren Farben zu erkennen:

Feuer – rot, Erde – grün, Luft – gelb, Wasser – blau.

Drei Wandlungsphasen

Weil aber nichts bleibt, wie es ist, sondern sich alle Phänomene in einem dauernden, langsamen oder schnelleren Veränderungsprozess befinden, treten die vier Elemente in drei verschiedenen Wandlungsphasen auf. Sie bezeichnen die drei grundsätzlichen Phasen aller Entwicklungsvorgänge, die im Lauf der Zeit stattfinden: Werden, Sein und Vergehen; in der Sprache der Astrologie: kardinal, fix und veränderlich.

Dem **kardinalen Zustand** entsprechen Begriffe wie: entstehen, produzieren, initiieren, handeln, Ursprung, Beginn, treibende Kraft, Aufbau.

Der **fixen Phase** entsprechen Begriffe wie: sein, sammeln, binden, sichern, Gegenwart, Konsolidierung, Augenblick, Bestand.

Dem **veränderlichen Zustand** entsprechen Begriffe wie: vergehen, verteilen, annehmen, lernen, Zukunft, Auswirkung, Übergang, Abbau.

Den **drei Wandlungsphasen** entsprechen die Farben weiß/schwarz (kardinal), rot (fix) und schwarz/weiß (veränderlich).

Zwölf Tierkreiszeichen

Aus der Kombination der vier Elemente mit den drei Wandlungsphasen ergeben sich die zwölf Tierkreiszeichen:

1. ♈ Widder: kardinales Feuer
2. ♉ Stier: fixe Erde
3. ♊ Zwillinge: veränderliche Luft
4. ♋ Krebs: kardinales Wasser
5. ♌ Löwe: fixes Feuer
6. ♍ Jungfrau: veränderliche Erde
7. ♎ Waage: kardinale Luft
8. ♏ Skorpion: fixes Wasser
9. ♐ Schütze: veränderliches Feuer
10. ♑ Steinbock: kardinale Erde
11. ♒ Wassermann: fixe Luft
12. ♓ Fische: veränderliches Wasser.

Wie das weiße Licht in die Spektralfarben aufgefächert werden kann, lässt sich die Gesamtheit der kosmischen Energie in diese zwölf Urprinzipien einteilen. Weil sich diese Urenergien in allem, was existiert, ausdrücken, können wir sie überall finden: in Farben, Formen, Gerüchen, Klängen, Funktionen, Verhaltensweisen. Daher lässt sich in jedem Phänomen, jedem Ereignis die Sprache des Kosmos erkennen.

ASTROLOGIEKARTEN IN DER ÜBERSICHT

Feuer | ***Erde*** | ***Luft***

Widder

Stier

Zwillinge

Mars

Venus

Merkur

Haus I

Haus II

Haus III

Wasser

Krebs

Mond

Haus IV

Feuer

Löwe

Sonne

Haus V

Erde

Jungfrau

Merkur

Haus VI

Luft	*Wasser*	*Feuer*
Waage	Skorpion	Schütze

Waage

Skorpion

Schütze

Venus

Pluto

Jupiter

Haus VII

Haus VIII

Haus IX

Erde	*Luft*	*Wasser*
Steinbock	Wassermann	Fische
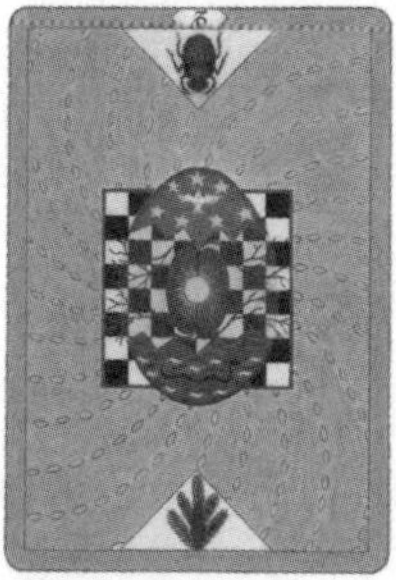	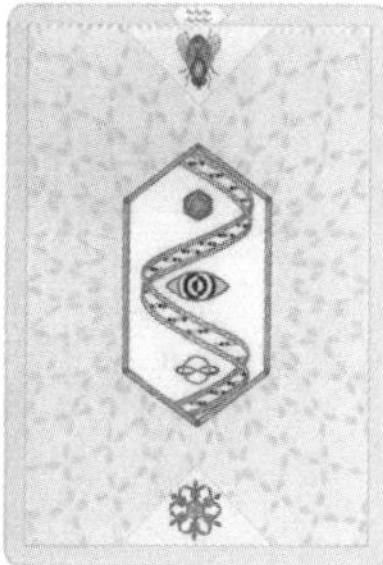	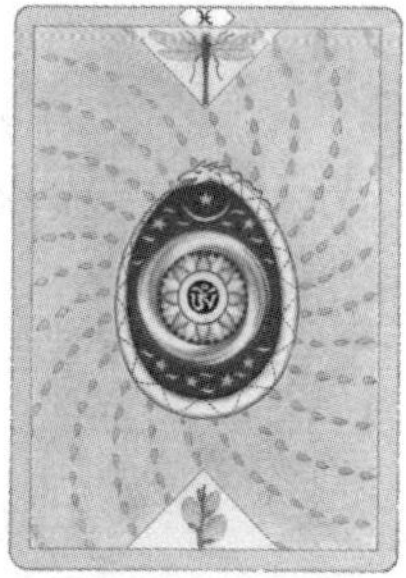
Saturn	Uranus	Neptun

Haus X	Haus XI	Haus XII

DIE EINZELNEN KARTEN

AC • ASZENDENT

Das Ego, die Persona · Motivation

Der Aszendent ist der Ausgangspunkt unserer Lebensreise. Aus dem Urgrund des Seins separiert sich das Leben: Geburt. Ein neues Leben taucht auf und beginnt, sich als eigenständiges Individuum zu entdecken. Wenn es nicht untergehen will im Daseinswettbewerb, muss es sich behaupten. In dieser Lebensphase ist Egoismus überlebenswichtig: ein Egoismus aus Lebenswillen, aus dem Wunsch, zu wachsen, zu gedeihen und dem uns innewohnenden Urbild immer ähnlicher zu werden.

Jeder Anfang im Leben ist symbolisch eine Geburt. Deshalb zeigt der Aszendent, wie wir Vorhaben anpacken und Neues in Angriff nehmen. Wenn wir genau beobachten, können wir erleben, wie sich die Erfahrung unserer Geburt in allem, was wir neu anfangen, wiederholt.

Im Zeichen des Aszendenten finden wir die Motivation für unser Erdendasein, unsere körperlich-energetischen Anlagen und die Art, wie wir auftreten und handeln, um das durchzusetzen, was wir als unser ‚Ich' empfinden.

Der Aszendent ist das Tierkreiszeichen, das zum Zeitpunkt der Geburt im Osten aufging. Er errechnet sich aus den Koordinaten des Ortes und dem genauen Zeitpunkt der Geburt. Durchschnittlich alle zwei Stunden taucht ein neues Tierkreiszeichen am Osthorizont auf. Damit ist der Aszendent (und mit ihm der gesamte Häuserkreis) der individuellste Faktor im Horoskop. Idealerweise ist er für den Zeitpunkt des ersten selbständigen Atemzugs des Neugeborenen errechnet – also für den Moment des ersten Schreies, mit dem wir unseren Lebenswillen demonstrieren.

Als Neugeborene sind wir zunächst Instinktwesen. Wir bringen die Erfahrungen einer Millionen Jahre alten Kette von Vorfahren mit und die Erwartung unserer Art, das zu bekommen, was wir zum Leben brauchen: Geborgenheit, Nahrung, Fürsorge und un-bedingte Liebe.

Wir Menschen beginnen unser Erdendasein hilflos. Abhängig vom guten Willen unserer Pflegepersonen, ist es unser Geburtsrecht, angemessen versorgt zu werden. Doch meist müssen wir früher oder später erfahren, dass wir nicht einfach für unser Sein an sich versorgt, genährt, geliebt werden, sondern für ein bestimmtes Verhalten. Und weil wir so angewiesen sind auf das Wohlwollen der Personen, die um uns sind, beginnen wir schon bald, uns so zu verhalten, dass wir angenehme Reaktionen erhalten und unangenehme vermeiden.

So entsteht nach und nach ein Verhalten, das nicht mehr unserem ursprünglichen Sein entspricht, sondern sich an den Vorstellungen unserer Bezugspersonen orientiert: die Persona, das verkleidete Ego mit seinen Kindheitsbedürfnissen. Das Wort Persona bedeutet Maske und kommt von lat. personare, hindurchtönen. Die Persona/Persönlichkeit ist die Maske, die wir aufsetzen, um anderen Menschen zu gefallen. Sie bewirkt unser Erscheinungsbild, die Rolle, die wir für andere spielen.

Wenn wir uns zu stark mit dieser Rolle identifizieren, kann es passieren, dass wir unsere persönliche Motivation für dieses Leben, den individuellen Antrieb für unser Erdendasein aus den Augen verlieren und damit unser Lebensziel (MC): werde, der du bist.

Unsere Aufgabe ist es, unser Erdenleben und uns selbst so zu formen, dass wir dem uns innewohnenden Vor-Bild (MC) von uns selbst immer ähnlicher werden. Das ist der Entwicklungsweg, den wir im Lauf unseres Lebens durch die zwölf Häuser gehen werden, in unzähligen, mal kürzeren, mal längeren Zyklen, die sich überlagern, in Wechselwirkung miteinander stehen, und unmerkliche bis radikale Veränderungsprozesse mit sich bringen. Dabei haben wir die Chance, uns vom Ego über das Ich zum Selbst zu entwickeln.

♈ • WIDDER

Aktivität

Widder ist das kardinale Feuerzeichen, das Werden des Feuerelements. Kardinales Feuer ist das intuitive Feuerelement in seiner Wachstumsphase. Es symbolisiert diejenige Zustandsform des Feuerelements, die aus der Erde entsteht, das Erdfeuer aus dem Kern unseres Planeten. Es ist eine mächtige Energie: die Vitalenergie unseres Heimatplaneten und all der Lebewesen, die ihn bewohnen. Wir brauchen sie zum Überleben, für jeden aktiven Lebensvorgang wie Nahrungserwerb, Abwehr von negativen Einflüssen, Angriffs- und Fluchtverhalten.

Wenn in unserem Horoskop Planeten im Zeichen Widder stehen (vor allem die Sonne), sind wir besonders auf diese Energiequalität eingestimmt und fühlen uns wohl, wenn wir tatkräftig, aktiv, optimistisch, spontan, schnell sein können – wenn wir lebendig unsere Lebensfreude ausdrücken und intuitiv unserem Tatendrang folgen können.

Das **Haus** unseres Horoskops, das im Widder steht, zeigt uns den Lebensbereich an, in dem wir Kraft für unsere Marsenergie tanken können, also für unsere Willensenergie, unsere Tatkraft und Durchsetzungsfähigkeit.

Im **Jahreszyklus** des Sonnenlaufs erleben wir die Widderenergie im März und April, wenn mit der Tag-und-Nachtgleiche das Frühjahr beginnt. Sie begegnet uns in den Pflanzen, die aus dem Boden schießen, den Bäumen, die ausschlagen und im Aprilwetter, das macht, was es will. Die Schafböcke führen in dieser Zeit ihre Rivalitätskämpfe aus. Das hat diesem Zeichen seinen Namen gegeben.

Die **Wespe** ist eine Verkörperung der Widderenergie: Sie ist nicht aggressiv, aber zielstrebig, und sie weiß sich zu wehren, wenn sie angegriffen wird.

STICHWORTE: ***aktiv, energisch, energetisch, impulsiv, spontan, dynamisch, schnell, heftig, mutig, leidenschaftlich, abenteuerlustig, bahnbrechend, entschlossen, ungeduldig, ruhelos, aggressiv, egoistisch, tollkühn, kämpferisch, heldenhaft, feindselig; Freude an Bewegung, Spontaneität, Bewegungsenergie, Lebensfreude, Durchbruch, Neubeginn, Frühling, Risiko, Angriff und Verteidigung, Schutz, Aggression, Defensive, Kampf.***

ZUORDNUNGEN:
Element: ***Feuer***
Regent: ***Mars***
Analoges Haus: ***I***
Monat: ***21. März – 20. April***
Körperregion: ***Kopf***

♂ • MARS

Tatkraft

Der Planet Mars symbolisiert unsere Fähigkeit zu Aktivität, uns in Bewegung zu setzen, etwas zu beginnen. Sie entsteht aus dem Lebenswillen und Lebenstrieb, der allem Lebendigen innewohnt. Die Durchsetzung unserer existentiellen Bedürfnisse ist ein Geburtsrecht aller Lebewesen. Initiative und Aggressivität (von lat. aggredi, auf etwas zugehen) gehören schon bei Einzellern zur Grundausstattung. Angriff und Flucht sind nichts Verwerfliches, im Dienste des Lebens eingesetzt, gehören sie, wie die Sexualität, zu unserer erdhaft-animalischen Triebnatur.

Wir empfinden Marsenergie als männliche Energie, aber natürlich haben auch alle weiblichen Lebewesen diese Energie, denn ohne sie könnten wir nicht leben. Sie äußert sich in einem Bedürfnis nach Aktivität und Bewegung und an der Freude daran. Wir finden die Marskraft daher schon beim Fötus, der zur Geburt drängt. Sie ist am stärksten im Kindes- und Jugendalter. Wir brauchen sie, um uns auf unserem Entwicklungsweg durchzusetzen, um zu wachsen und erwachsen zu werden.

Mars symbolisiert den Archetyp des Animus. Das ist der kollektive Idealtyp des Männlichen. Bei Männern zeigt er sich als das Idealbild des Helden, dem sie versuchen, nachzueifern. Bei Frauen gibt er Hinweise auf das Idealbild des Partners, der zu ihnen passt, aber natürlich auch auf die ihnen eigene Art, aktiv zu sein und sich durchzusetzen.

Mars leiht uns seine magischen Gegenstände Speer und Schild, damit wir angreifen und uns verteidigen können. Sein Begleittier ist das Pferd, ein Fluchttier und doch stark und wehrhaft. Das Pferd hilft uns, uns weiträumig fortzubewegen und neuen Boden zu erobern. Es gibt uns seine Energie und Schnelligkeit, seine Pferdestärken.

Das **Zeichen**, in dem Mars in unserem Geburtshoroskop steht, zeigt an, auf welche Weise wir versuchen, uns durchzusetzen und zu behaupten.

Das **Haus**, in dem der Mars steht, gibt uns den Hinweis, in welchem Lebensbereich und für welche Ziele wir unsere Tatkraft einsetzen.

Personifikation der Widderenergie

TYPISCHE ROLLEN: ***Sportler, Held, Jäger, Kämpfer, Abenteurer, Verteidiger, Draufgänger, Pionier, Eroberer, Aggressor, Ellbogenmensch, Randalierer, Zerstörer.***

STICHWORTE: ***anfangen, zupacken, in Angriff nehmen, angreifen, kämpfen, flüchten, verteidigen; Lebenswille, Bewegungsdrang, (Sexual-)Trieb, Auseinandersetzung, Spontaneität, Tatkraft, Entschlusskraft, Mut, Aktivität, Selbsterhaltung, Aggressivität, Impulsivität, Ungeduld, Aufdringlichkeit, Ruhelosigkeit, Stress, Rücksichtslosigkeit, Unbeherrschtheit, Zorn, Animosität, Destruktivität, Zerstörungswut.***

ZUORDNUNGEN: *Griechische Mythologie:* ***Ares, der Krieger;*** *Archetyp:* ***der Animus;*** *Körperliche Entsprechung:* ***Skelettmuskulatur, Blut, Keimdrüsen, Nebennieren, Zähne, Testosteron, Adrenalin;*** *Metall:* ***Eisen.***

I • 1. Haus

Durchsetzung

SITUATION: Aufbruch. Ein neuer Zyklus beginnt. Das Ziel liegt noch in weiter Ferne, ist nicht immer klar zu erkennen. Doch wir haben einen Entschluss gefasst, und der Beginn des Wegs liegt vor uns. In jedem Moment können wir nur einen Schritt tun – den nächsten. Seien wir achtsam, dass er in die richtige Richtung führt.

Zum ersten Haus gehören die Ereignisse und Erfahrungen, die mit Widder-/Mars-Energie zu tun haben. Seinen Anfang bildet der Aszendent, der durch den Zeitpunkt und den Ort unserer Geburt bestimmt ist.

Hier beginnt unsere Lebensreise, unser Auftritt auf dem kosmischen Spielplan. Die Geburt war der erste große Neubeginn, den wir erlebt haben, die erste Behauptung unseres Lebenswillens. Dieser Augenblick wird sich symbolisch noch unzählige Male wiederholen, immer dann, wenn wir etwas Neues beginnen, eine neue Aufgabe, einen neuen Lebensabschnitt, egal wie klein oder groß dieser Schritt auch sein mag.

Als Neugeborene ist unser instinktives Ziel, zu überleben. Später spüren wir, dass es um mehr geht, dass wir am Beginn einer neuen Runde auf unserem Weg zur Individuation stehen.

Die **Energie**, die wir hierfür einsetzen, ist unsere jugendliche, männliche Energie, unsere Marsenergie. Solange unsere Bedürfnisse nicht im Widerspruch stehen mit den Bedürfnissen unserer Mitmenschen, ist das keine Schwierigkeit. Doch kaum sind wir auf der Welt, gibt es schon die ersten Konflikte, zum Beispiel: Wir wollen Milch, unsere Mutter will schlafen. Wer setzt sich durch? Erhalten wir, was unser Recht ist? Wie gehen wir mit Frustrationen um? Jetzt werden die Weichen für unser Durchsetzungsverhalten gestellt und damit für unseren Erfolg auf dem Individuationsweg. Wenn wir uns zu wenig durchsetzen können, uns zu sehr nach den Wünschen anderer richten, verlieren wir unser Ziel aus den Augen. Wenn wir ins andere Extrem verfallen und zu Kämpfern werden, die jede Konfliktsituation mit Streit und Gewalt zu ihrem Vorteil zu lösen versuchen, dann kommen wir in unserer Persönlichkeitsentwicklung genauso wenig weiter.

Unser **Lernziel** ist Selbstbehauptung – eine angemessene Form der Durchsetzung unserer vitalen Interessen, die Mitte zwischen Nachgiebigkeit und Rücksichtslosigkeit, freie Verfügbarkeit unserer Marskräfte und ihr konstruktiver Einsatz im Dienste unserer Persönlichkeitsentfaltung.
Der **Hahn** erinnert uns daran, wachsam darauf zu achten, unsere Tatkraft nicht für die falschen Zwecke einzusetzen. Die Amsel singt uns ein Lied in Zeiten des Übergangs.

ENTWICKLUNGSHINWEISE:
Thema: ***Ich, Auftreten, Persönlichkeit, Neubeginn, Initiative***
Aufgabe: ***Entschlusskraft, Achtsamkeit***
Lernziel: ***Selbstbehauptung***
Gefahr: ***in Streit und Kampf stecken zu bleiben***

♉ • STIER

Genuss

Stier ist das fixe Erdzeichen. Feste Erde – hier befindet sich das schwerste der vier Elemente in seiner stabilen Phase. Das ergibt eine so langsam schwingende, dichte Energie, dass sie tastbar und greifbar erscheint. Sie ist schwer, fest und dauerhaft – zu Partikeln verdichtete Schwingung, also Materie. Die Anziehungskraft dieser Partikel untereinander lässt die sichtbare Welt in ihrer Fülle und Vielfalt, in ihrem Formenreichtum entstehen. Stierenergie zeigt sich als formgebende Energie, als Gestaltungsdrang.

Wenn in unserem Horoskop Planeten im Zeichen Stier stehen, haben wir einen ausgeprägten Wunsch zu gestalten und zu formen, lieben die Schönheit in Natur und Kunst, gutes Essen und Trinken, Wohlstand und andere Annehmlichkeiten des Lebens. Die Stierenergie verleiht aber auch Kraft und Ausdauer. Mit ihr können wir hart und gründlich arbeiten, auch körperlich.

Das **Haus** in unserem Horoskop, das mit dem Zeichen Stier beginnt, weist auf den Lebensbereich hin, aus dem wir Kraft für die Erdseite unserer Venusenergie schöpfen können, für unsere Fähigkeit, unser Leben nach unseren Wünschen zu gestalten und zu formen.

Im **Jahreszyklus** erleben wir die Stierenergie im Monat Mai, dem ‚Wonnemonat', wenn die Natur ihren Reichtum in Formenfülle und Farbenpracht entfaltet. Alles wächst und gedeiht, lockt mit sinnlichen Düften und Farben, Eros erfüllt die Lebewesen mit Freude.

Der **Marienkäfer** in seinem dekorativ gepunkteten Kleid und seinem tatkräftigen Einsatz für das Wohlergehen der Pflanzen erinnert an Glück und Freude, Wachstum und Gedeihen.

STICHWORTE: ***sinnlich, üppig, genussvoll, reich, materiell, pekuniär, konkret, zuverlässig, ausdauernd, beharrlich, gründlich, erdig, erdverbunden, substanziell, sesshaft, bequem, praktisch, träge, schwer, stur, halsstarrig, hartnäckig, besitzergreifend, eifersüchtig; Fülle, Vielfalt, Kultur, Besitz, Kapital, Wert, Prestige, Sicherheit, Stabilität, Wachstum, Produktivität, Substanzbildung, Verdichtung, Beharrung, Erdung, Gruppe, Herde, Gerinnung, Agglutination, Verfestigung, Trägheit.***

ZUORDNUNGEN:
Element: ***Erde***
Regent: ***Venus***
Analoges Haus: ***II***
Monat: ***21. April bis 21. Mai***
Körperregion: ***Mund, Hals, Nacken***

♀ • VENUS

Empfinden, Gestaltungskraft

Im Planeten Venus vereinigt sich die Energie von zwei Zeichen: von Stier und Waage. Venus ist das weibliche Gegenstück zu Mars, seine Ergänzung. Als Stiervenus verkörpert sie die erdhafte Seite dieser weiblichen Kraft, die Bildekraft der Materie. Das ist die Kraft, welche die Dinge im Innersten zusammenhält. Anziehungskraft, die die Materie sich akkumulieren lässt und sie in eine harmonische, ihrem jeweiligen Wesen entsprechende Form bringt. Die kosmische Schöpfungsenergie, die alles Seiende aus Lehm geformt hat.

In unserem Horoskop steht Stiervenus für unsere Empfindungsfähigkeit und unsere Fähigkeit, Substanz zu bilden und zu gestalten, also auf uns selbst und unsere Umgebung nach unseren Vorstellungen konstruktiv einzuwirken.

Venus- und Marskräfte sind beide an der Sexualität beteiligt: Mars an ihrer aktiv-initiativen Seite, Venus an ihrer rezeptiv-empfindenden. Ohne Venus wäre Sexualität ein bloßes sich Ausagieren, erst die Empfindung fügt das Gefühl der Lust hinzu. Mars und Venus sind also die Urkräfte des Männlichen und Weiblichen, sie bedingen einander (Stiervenus) und halten einander im Gleichgewicht (Waagevenus).

Venus symbolisiert den Archetyp der Anima. Das ist das weibliche Gegenbild zum Animus. Stiervenus ist dabei ihre erdhaft-körperliche, Waagevenus ihre luftig-geistige Seite. Stiervenus in ihrer Fülle und Üppigkeit ist der Archetyp des Weiblichen in seiner vollen Blüte. Die schwangere Erde, die werdende Mutter, schützend, aufbauend, bergend – überbordend vor Lebensgenuss und Schöpfungsfreude. Im Horoskop der Frau gibt Venus Hinweise auf ihr weibliches Idealbild, dem sie versucht, sich anzunähern; im Horoskop des Mannes gibt Venus Hinweise auf den Typ Frau, der zu ihm passt.

Venus ist die Kulturbringerin. Mit ihrem Füllhorn erinnert sie uns daran, dass wir die Fülle und Vielfalt der Erscheinungswelt genießen, wertschätzen und mehren sollen. Ihr Begleittier, der Stier, hilft uns, unsere Grenzen zu finden. Die Form eines Objekts ist bestimmt durch seine äußere Begrenzung. Wachstum kann nicht unbegrenzt sein, das wäre das Ende der Vielfalt.

Das **Zeichen**, in dem Venus in unserem Horoskop steht, gibt Hinweise darauf, wie wir unser Leben genießen und gestalten. Dazu gehört auch die materielle Absicherung.

Das **Haus**, in dem Venus steht, zeigt, worauf wir Wert legen, was wir genießen und wertschätzen können.

Personifikation der Stierenergie

TYPISCHE ROLLEN: ***Realist, Bauer, Gärtner, Florist, Töpfer, Grundbesitzer, Immobilienmakler, Banker, Bildhauer, Genießer, Sammler, Sturkopf, Vielfraß, Materialist, Kapitalist.***

STICHWORTE: ***haben, besitzen, sammeln, zusammenhalten, mehren, formen, hegen, pflegen, kultivieren, gestalten, genießen, festhalten, horten, absichern; Schönheit, Schöpfungskraft, Ruhe, Bedächtigkeit, Realismus, Konsequenz, Trägheit, Sturheit, Eifersucht, Materialismus.***

ZUORDNUNGEN: *Griechische Mythologie:* ***Aphrodite, die Verlockende;*** *Archetyp:* ***die Anima;*** *Körperliche Entsprechung:* ***Haut, Tastsinn, weibliche Keimdrüsen, Östrogen;*** *Metall:* ***Kupfer.***

II • 2. Haus

Abgrenzung

SITUATION: Es ist die Zeit, sich an die Materie zu binden und sie zu gestalten. Wir wollen Mutter Erde für die Fülle ehren, mit der sie uns beschenkt, indem wir unsere Begabungen zur Entfaltung bringen, mit unseren Talenten wuchern, unser Vermögen (also unser Können) mehren.

Zum zweiten Haus gehören die Erlebnisse und Erfahrungen, die mit Stier-/Venus-Energie verbunden sind. Es zeigt, welche kosmischen Qualitäten wir für unsere materielle, seelische und geistige Absicherung einsetzen.

Nachdem wir im ersten Haus den Mut zum Aufbruch gefunden haben, kommt im zweiten Haus eine Phase der Konsolidierung. Nach dem Ungeborgenheitserlebnis der Geburt brauchen wir Sicherheit und Nahrung. Wir nehmen, was unsere Mutter uns gibt, wachsen und gedeihen, entdecken unsere Grenzen und unseren Körper als unseren ersten Besitz. Wir beginnen, zwischen angenehmen und unangenehmen Einflüssen zu unterscheiden und lernen bald, das eine zu suchen und das andere zu meiden. Wird unser Wohlbefinden nicht zu häufig gestört, entwickeln wir Empfindungs- und Genussfähigkeit aus einem Gefühl von Sicherheit und Bewahrtsein. So können wir in uns einen Ort der Ruhe finden, ein Zentrum der Kraft, von dem aus wir unseren Weg der Selbstentfaltung fortsetzen können.

Die Energie, die wir hierfür einsetzen, ist die Energie unserer weiblichen Schöpfungskraft. Mit ihr gestalten wir uns selbst, unser Selbstwertgefühl und unser Gefühl von Wohlbefinden und Sicherheit. Sie gibt uns das Bedürfnis, nach unseren verborgenen Schätzen, unseren Begabungen und Talenten zu graben und sie zu nähren und zu kultivieren. Dadurch fördern wir unsere Selbstachtung und unseren Eigenwert. In der westlichen Gesellschaft beziehen wir unser Selbstwertgefühl meist aus unserem materiellen Besitz. Deshalb arbeiten wir so systematisch an unserer materiellen Absicherung und legen Wert auf Prestige durch Geld, Statussymbole und repräsentativen Lebensstil.

Unser **Lernziel** ist Selbstwertgefühl, die Voraussetzung für die Wertschätzung des Lebens an sich und für die Wertschöpfung aus den Ereignissen und Erfahrungen, die wir in unserem Leben machen können. Dann wird unsere Erfahrung von Glück nicht mehr vom materiellen Besitz und Prestige abhängig sein.

Die **Kröte** bewacht den Schatz. Sie empfiehlt uns, den Wert der Dinge und Ereignisse nicht nur nach ihrer Oberfläche einzuschätzen.

ENTWICKLUNGSHINWEISE:
Thema: ***Besitz, Revier, Haben, Vermögen, Talente, Begabungen, Kultur, Kunst***
Aufgabe: ***gestalten, kultivieren***
Lernziel: ***Selbstwertgefühl***
Gefahr: ***im Materiellen stecken zu bleiben***

♊ • ZWILLINGE

Neugierde

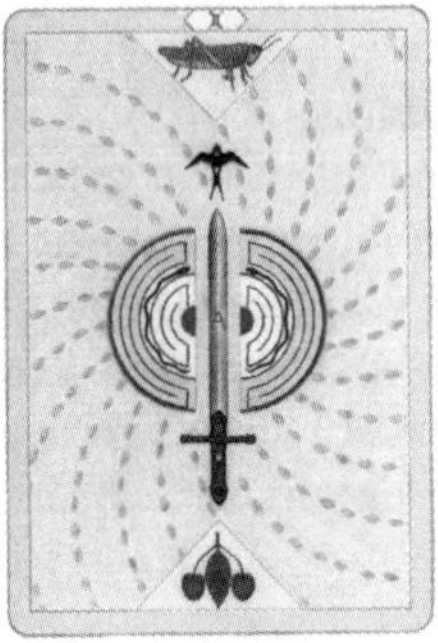

Zwillinge ist das veränderliche Luftzeichen. Das bewegliche Element Luft in seiner veränderlichen Zustandsform ist etwas, das man nicht leicht zu fassen bekommt. Auf die statischste der zwölf Urenergien folgt die beweglichste, auf das Zusammenhaltende das Trennende, auf das Schwerste das Leichteste. Zwillingsenergie ist die teilende, trennende Energie im Universum, durch die aus Vorhandenem Neues entsteht. Sie ermöglicht uns, die Dinge voneinander zu unterscheiden und sie dadurch zu erkennen. Indem wir Begriffe bilden, uns einen Begriff machen, fangen wir an, die Welt zu begreifen. Indem wir den Dingen Namen geben, können wir uns mitteilen und austauschen. Zeichen entstehen, Wort und Sprache entwickeln sich und wir entdecken ein Gegenüber, mit dem wir uns austauschen können.

Wenn in unserem Horoskop Planeten im Zeichen Zwillinge stehen, fällt es uns leicht, mit Neugier und Interesse unsere Umgebung zu erkunden, die Dinge zu benennen, sie mit anderen zu tauschen und uns darüber auszutauschen. Lernen und lehren, Unterhaltung und Kommunikation finden unser Interesse.

Das **Haus**, dessen Spitze ins Zeichen Zwillinge fällt, verweist auf den Lebensbereich, aus dem wir die Energie für unsere Merkurfähigkeiten ziehen können, für unseren rationalen Verstand, für Neugierde und Ausdrucksfähigkeit.

Im **Sonnenzyklus** begegnen wir der Zwillingsenergie im Juni, im Übergang vom Frühling zum Sommer, wenn die ersten Früchte reifen und sich von der Mutterpflanze lösen. Ein Teil trennt sich, oder wird getrennt vom Ganzen, und gibt dabei bestimmte Informationen weiter.

Die **Heuschrecke** mit ihrer Sprunghaftigkeit, Leichtigkeit und Wanderlust führt uns die Zwillingsenergie anschaulich vor Augen.

STICHWORTE: ***jung, frisch, leicht, beweglich, unbeschwert, lebhaft, neugierig, wissbegierig, rational, sachlich, gesprächig, eloquent, schlagfertig, sprunghaft, leichtsinnig, geschwätzig, unruhig, unkonzentriert, zerstreut, nervös, oberflächlich, berechnend, raffiniert, betrügerisch, merkantil; Dualität, Teilung, Trennung, Spaltung, Ratio, Zeichen, Wort, Sprache, Kommunikation, Diskussion, These, Antithese, Vermittlung, Technik, Handel, Zweifel, Verhältnis, Kalkulation, Berechnung, Betrug.***

ZUORDNUNGEN:
Element: ***Luft***
Regent: ***Merkur***
Analoges Haus: ***III***
Monat: ***22. Mai bis 21. Juni***
Körperregion: ***Schultern, Arme, Hände***

☿ • MERKUR

Unterscheidungsfähigkeit, Denken, Verstand

Der Planet Merkur symbolisiert unsere Fähigkeit, die Dinge zu unterscheiden und zu benennen. Das ist die Voraussetzung für unser Denken. Merkur bezieht, wie Venus, seine Energie aus zwei Zeichen: Zwillinge und Jungfrau. Dabei ist Zwillinge seine männliche, Jungfrau seine weibliche Energie. Zwillingsmerkur symbolisiert unser männlich-lineares Denken, den Verstand, die Ratio. Das ist unsere Fähigkeit, den ständigen Fluss unseres Bewusstseinsstroms zu unterteilen, Begriffe und Konzepte zu bilden und diese durch Benennen zu konkretisieren. Aus diesem Benennen entsteht die Sprache und mit ihr die Dualität, denn wir können zu jedem Begriff einen Gegensatz bilden, seinen dunklen oder hellen ‚Zwilling'.

Merkur-Hermes war bei den alten Griechen der Gott der Reisenden und Händler, aber auch der Lügner und der Diebe. Er verhält sich wie unser Verstand. Er hilft uns, in unserem Leben zurechtzukommen, er gibt uns die Sprache und den Austausch mit anderen. Aber er kann uns täuschen und in die Irre führen, er ist unbeständig und ablenkbar, rastlos auf der Suche nach Neuem. Er lässt sich nicht festlegen und ist nie um eine Ausrede verlegen. Doch er führt uns auch in andere Welten, eröffnet uns Horizonte und ist Seelenführer zu allen anderen Planetenkräften.

Merkur symbolisiert den Archetyp des Gauklers, des Tricksters. Er ist ein Meister im Spiel von (Selbst-)Betrug und Täuschung. Wir kennen ihn aus Märchen und Mythen: Er ist der Schlaue und Einfallsreiche, der mit List Aufgaben löst, an denen Größere und Stärkere gescheitert sind, und der sich aus jeder Notlage befreien kann.

Merkur leiht uns seine magischen Gegenstände, damit wir Entscheidungen treffen und unsere persönliche Form des Ausdrucks und der Kommunikation entwickeln können. Sein Begleittier ist der Hund, der uns daran erinnert, dass unser Verstand uns folgen, nicht sich zum Herrn aufschwingen sollte.

Das **Zeichen**, in dem Merkur in unserem Geburtshoroskop steht, gibt Hinweise auf die Art unseres Denkens und unserer Kommunikation.

Das **Haus**, in dem Merkur steht, zeigt den Erfahrungsbereich, aus dem wir Informationen und Anregungen beziehen.

Personifikation der Zwillingsenergie

TYPISCHE ROLLEN: ***Denker, Zweifler, Intellektueller, Schnellsprecher, Sprachforscher, Schriftsteller, Journalist, Reporter, Dichter, Reiseleiter, Händler, Makler, Bote.***

STICHWORTE: ***verstehen, begreifen, denken, reden, schreiben, lernen, lehren, vermitteln, kommunizieren, tauschen, taktieren, kalkulieren, rationalisieren; Interesse, Neugier, Offenheit, Beweglichkeit, Schlauheit, Oberflächlichkeit, Leichtsinn, Ungeduld, Zerstreutheit, Unzuverlässigkeit.***

ZUORDNUNGEN: *Griechische Mythologie:* ***Hermes, der Listenreiche;*** *Archetyp:* ***der Gaukler, der Doppelgänger;*** *Körperliche Entsprechung:* ***Lungen, Gehirn, Nervensystem, Schilddrüse;*** *Metall:* ***Quecksilber.***

III • 3. Haus

Austausch

SITUATION: Es handelt sich um eine Zeit des Austauschs, des Gebens und Nehmens, des Lernens und Lehrens. Wir sollten offen sein für Neues, unvoreingenommen wie ein Kind und ohne Vorurteile an die Situation herangehen, bereit sein, neue Wege, neue Vorgehensweisen zu erproben.

Zum dritten Haus gehören die Ereignisse und Erfahrungen, die mit Zwilling-Merkur-Energie zu tun haben. Es zeigt, wie und auf welche Weise wir uns am leichtesten ausdrücken können, wie wir unsere Umgebung erforschen, mit ihr Kontakt aufnehmen und daraus lernen.

Nachdem wir im zweiten Haus Sicherheit gefunden haben, können wir uns jetzt unserer Umgebung zuwenden. Wir entdecken unser Umfeld und treten in Austausch mit anderen. Wir handeln und begreifen und lernen durch Entdeckerfreude und Kommunikation. Wir drehen und wenden die Dinge und stellen fest, dass wir sie von allen Seiten betrachten können, und dass die eine so interessant ist wie die andere.

Die **Energie**, die wir für den Erfahrungsbereich des dritten Hauses einsetzen, ist unsere Denkfähigkeit. Sie ermöglicht uns, unsere Umwelt zu begreifen, Worte zu bilden, Dinge zu benennen und in

Austausch zu treten. Als kleine Kinder lernen wir ständig. Jeder Augenblick bringt Neues, nie Gekanntes. Wir machen die Erfahrung: Leben ist Lernen. Für alle jungen Lebewesen ist das eine Selbstverständlichkeit. Wir schulen dabei unseren rationalen Verstand. Er kann aber nur die Oberfläche der Dinge erfassen, deshalb laufen wir Gefahr, die tieferen Zusammenhänge hinter den Erscheinungen zu übersehen.

Unser **Lernziel** ist, eigenständiges Denken und die Art des Selbstausdrucks zu entwickeln, die unserem Wesen entspricht und zu wirklicher Verständigung führt.

Die ersten Menschen, mit denen wir zu tun haben, meist unsere nächsten Verwandten, prägen unsere Art zu denken und uns auszudrücken. Es ist ein wichtiger Schritt, auf dem Gebiet des logischen Denkens und der Kommunikation unseren eigenen Weg zu finden, denn unser Denken und unsere Sprache beeinflussen alle Ereignisse und Erfahrungen unseres Entwicklungswegs.

Der **Fuchs** mahnt uns, vorsichtig mit unseren Worten umzugehen und darauf zu achten, dass unser Denken, Reden und Handeln übereinstimmen.

ENTWICKLUNGSHINWEISE:
Thema: ***Sprache, Kommunikation, Lernen, Lehren, Handeln***
Aufgabe: ***Interesse, Vielseitigkeit***
Lernziel: ***Selbstausdruck***
Gefahr: ***an der Oberfläche der Dinge haften zu bleiben***

IC • IMUM COELI

Himmelstiefe, Nadir, Mitternachtspunkt · Erwartung

Das IC ist die Pforte zum zweiten Quadranten, zum emotionalen Bereich des vierten bis sechsten Hauses. Hier finden wir die verborgensten Gründe unserer Lebensprobleme, aber auch den Schlüssel zur Heilung, zur Wurzelkraft unserer Urgeborgenheit, zum Urvertrauen.

Der Baum ist uraltes Sinnbild für den Menschen im Spannungsfeld zwischen Natur und Geist. Der Baum des Lebens und der Erkenntnis steht in der Mitte unseres Horoskopkreises. Er veranschaulicht das Bild des Menschen, aufrecht stehend zwischen Erde und Himmel, Materie und Geistwelt, in seiner Fähigkeit, zu wachsen, zu reifen, Raum einzunehmen.

Am IC befinden wir uns am tiefsten Punkt unseres Horoskops. Es symbolisiert den Wurzelgrund unseres Seins, aus dem unser Lebensbaum seine Kraft bezieht, den Bereich unserer Gefühle, die Nabelschnur in unsere innere Welt intimer Geborgenheit. Sie verbindet uns mit dem Urgefühl des Lebens, mit der alles durchdringenden Kraft der kosmischen Liebe.

Als Neugeborene werden wir über den Strom der Muttermilch an diese Urliebe angeschlossen und über die Aura der Mutterliebe, die unsere Mutter umgibt. Wie mit einer Nabelschnur ist unser

Herzchakra mit dem ihren verbunden. Damit wird die Basis an Urvertrauen gelegt, aus der unser Lebensbaum die Kraft bezieht, die wir brauchen, um zu wachsen und uns zu entfalten.

Leider sind reale Mütter nicht immer fähig zu dieser idealen Mutter-Kind-Einheit. Meist werden wir schon früh in unseren natürlichen Erwartungen frustriert und müssen Verhaltensweisen entwickeln, mit diesen Versagungen umzugehen. So entstehen die Konditionierungen und Verhaltensmuster, die unsere emotionalen Reaktionen oft ein Leben lang bestimmen und auf die wir aus Gewohnheit, Angst und Unsicherheit auch dann noch zurückgreifen, wenn sie sich schon längst als überholt und hinderlich herausgestellt haben.

Das IC zeigt, auf welche Weise wir Zugang zu unserer Seelenwelt und zum Urquell unserer Gefühle, zu Urvertrauen und Geborgenheit finden können.

♋ • KREBS

Träumen

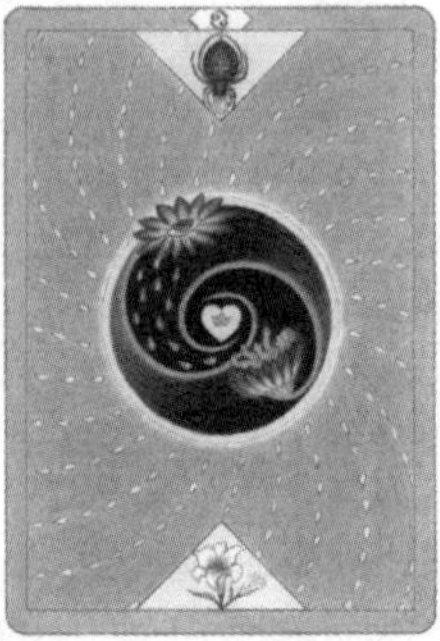

Krebs ist das kardinale Wasserzeichen. Flüssiges entsteht – Wasser, das Urelement des Lebens. Es ist der Urquell, aus dem alles Lebendige entsteht, das Flüssige, ohne das Leben nicht möglich ist. Wasser kann alles aufnehmen, speichern und wieder abgeben, es verleiht der Materie Gedächtnis. Muttermilch ist die Flüssigkeit, mit der Säuglinge nicht nur körperlich genährt werden, sondern auch seelisch und geistig. Mit ihr werden Substanzen transportiert, die dem jungen Organismus Informationen aus dem Zellgedächtnis der Mutter übermitteln. Sie wirken über die körperliche Ebene auf die seelisch-emotionale und die geistig-mentale Ebene ein und formieren Prägungen und Engramme, die unser Verhalten ein Leben lang bestimmen können.

Mit Planetenkräften im Zeichen Krebs leben wir im Reich der Stimmungen und Gefühle. Wir wünschen uns Geborgenheit, Wärme, Zärtlichkeit, Romantik und träumen von Vollmondnächten und Liebe, die nicht fordert und unerschöpflich gibt. Wir haben eine natürliche Bindung an das Mütterliche, Fürsorgliche, Gewährende.

Das **Haus**, das in unserem Horoskop im Zeichen Krebs steht, zeigt uns, in welchem Lebensbereich wir die Quelle für unsere Mondkraft finden können – unsere Fähigkeit, uns und anderen Einfühlung und Geborgenheit zu geben.

Wenn die **Sonne** in das Zeichen Krebs geht, beginnt mit der Sommersonnwende die Zeit der längsten Tage und der kürzesten Nächte. In warmen Julinächten, wenn nährende Regenfälle die Pflanzen zu üppigem Wachstum und zur Fruchtbildung anregen und überall junges Leben gedeiht, liegt diese Energie wie ein sehnsüchtiger Zauber über der Natur.

Wie die **Spinne** in ihrem Netz leben wir im Netz der Energie und weben am Muster unseres Schicksals.

STICHWORTE: ***mütterlich, weiblich, schützend, nährend, warm, weich, zufrieden, geborgen, satt, kindlich, schüchtern, unschuldig, naiv, verträumt, romantisch, häuslich, sensibel, empfindlich, schwach, labil, hilflos, launisch, fordernd, unzufrieden, unersättlich, verschlingend; Bindung, Kindheit, Geborgenheit, Schutz, Erinnerung, Gedächtnis, Liebe, Nahrung, Erwartung, Wünsche, Bedürfnis, Gefühl, Instinkt, Stimmung, Laune, Unsicherheit.***

ZUORDNUNGEN:
Element: ***Wasser***
Regent: ***Mond***
Analoges Haus: ***IV***
Monat: ***22. Juni – 22. Juli***
Körperregion: ***(weibliche) Brust***

☽ • MOND

Fühlen, Einfühlungsvermögen

Der Mond ist kein Planet, denn er umkreist nicht die Sonne, sondern die Erde, unseren Heimatplaneten. Er ist also der einzige Himmelskörper, der sich nicht nur scheinbar, sondern tatsächlich um die Erde bewegt. Er steht der Erde am nächsten, mit ihr verbunden wie durch eine energetische Nabelschnur. Er reguliert mit seinen Anziehungskräften den Wasserhaushalt der Erde und die Körperflüssigkeiten ihrer Lebewesen.

Als Himmelslicht der Nacht spendet er uns Licht, wenn die Sonne untergegangen ist. Je länger die Nächte sind, desto höher steht er am Himmel. Den höchsten Bogen beschreibt seine Bahn zur Zeit der Wintersonnwende. Auch im übertragenen Sinn ist der Mond das Licht in der Dunkelheit: Er bringt Licht in unser Unbewusstes, Bewusstsein in die dunklen Bereiche unseres Selbst. Dieses Bewusstsein bekommen wir über die Wahrnehmung unserer Gefühle.

Der Mond symbolisiert den Archetyp des Mütterlichen und des Kindlichen. Die Mutter ist die erste Erfahrung, die wir als werdende Lebewesen machen. Ihr Leib umfängt uns, wir sind geborgener Teil ihres Kosmos. Auch nachdem die physische Nabelschnur durchtrennt ist, sind Mutter und Kind noch lange wie durch eine emotionale Nabelschnur miteinander verbunden und das Kind lebt in der Gefühlswelt der Mutter. Idealerweise nährt die Mutter ihr Kind mit ihrer Liebe und diese emotionale Nahrung wird die Grundlage für unser Gefühl von Selbstvertrauen und Identität, unsere emotionale Resonanzfähigkeit und für unsere Fähigkeit, uns selbst Fürsorge und Geborgenheit geben zu können.

Die Mondkönigin regiert das Reich der Gefühle. Von ihr hängt es ab, ob wir bedürftig oder satt, ausgeglichen oder launisch, einfühlsam oder gefühllos sind. Ihr Begleittier, das Einhorn, entführt uns ins Reich der Träume und Fantasien, der Märchen und Mythen – ins Bilderreich der Erinnerung. Es war einmal ...

Das **Zeichen**, in dem der Mond in unserem Horoskop steht, gibt Auskunft über unsere emotionalen Reaktionen, unser Identitätsgefühl, und unsere Hingabefähigkeit.

Das **Haus**, in dem sich der Mond befindet, zeigt, in welchem Lebensbereich wir Geborgenheit finden und unsere emotionale Identität nähren können.

Personifikation der Krebsenergie

TYPISCHE ROLLEN: ***Medium, Träumer, Mutter, Hausfrau, Kind, Schwangere, Pflegerin, Hebamme, Schützling, Nesthocker, Bedürftiger, Hilfsempfänger.***

STICHWORTE: ***lächeln, glänzen, fühlen, einfühlen, mitfühlen, mitleiden, beschützen, bemuttern, betütteln, gebären, nähren, gewähren, stillen, saugen, wünschen, brauchen, verlangen, fordern, anklammern; Traumbewusstsein, Ich-Gefühl, Resonanzfähigkeit, Empfänglichkeit, Mütterlichkeit, Freundlichkeit, Hilfsbereitschaft, Empathie, Sanftheit, Weichheit, Zartheit, Sensibilität, Empfindlichkeit, Nachgiebigkeit, Regression, Hilflosigkeit, Unzufriedenheit, Unersättlichkeit, Selbstmitleid.***

ZUORDNUNGEN: *Griechische Mythologie:* ***Selene, die Leuchtende;*** *Archetyp:* ***die Mutter, das (Fühl-)Ich;*** *Körperliche Entsprechung:* ***Magen, Mutterbrust, Gebärmutter, Parasympathikus, Schlaf, Traum;*** *Metall:* ***Silber.***

IV • 4. Haus

Seelische Identität

SITUATION: Wir befinden uns im Zentrum unseres Selbst. In der Intimität unserer seelischen Mitte finden wir Urvertrauen, Ruhe und Kraft. Aus dem Gefühl, angenommen und geborgen zu sein, entsteht seelische Identität und Einfühlungsvermögen für uns und alle fühlenden Wesen.

Zum vierten Haus gehören die Erlebnisse und Erfahrungen, die mit Mondenergie verbunden sind. Es zeigt die Atmosphäre unserer Herkunftsfamilie und den Urquell der Geborgenheit, den wir in uns tragen und in unserem eigenen Heim zu verwirklichen suchen.

Nachdem wir im dritten Haus die Außenwelt erkundet haben, kommen wir im vierten Haus in den Lebensbereich der Mondenergien und damit in unsere Innenwelt. Wir betreten das Reich der Mütter und des Mütterlichen, das Reich der Gefühle. Hier liegt der Urgrund unserer Identität, unser Ich-Gefühl, die Basis unserer emotionalen Reaktionen. Sie wurde uns übertragen mit der Muttermilch und der bedingungslosen Anerkennung, die wir im liebevollen Spiegel der Augen unserer Mutter fanden. Dieses bedingungslose Angenommensein unserer ersten Lebensmonate gibt uns die innere Stabilität, die Voraussetzung ist für die Entwicklung unserer Menschlichkeit.

Die **Energie**, die wir im vierten Haus benötigen, ist unsere Mondenergie. Sie hilft uns, Licht ins Dunkel unserer Emotionen zu bringen, bewusst wahrzunehmen, welche Gefühle unseren Reaktionen zugrunde liegen, ob sie unserer wahren seelischen Identität entspringen oder auf Konditionierungen aus unserer Kindheit beruhen. Sind wir noch immer auf der Suche nach der Milch der mütterlichen Liebe? Haben wir uns mit Surrogaten abgefunden? Können wir die Liebe, die wir erhalten haben, an andere weitergeben? Die Gefahr liegt darin, ein Leben lang von anderen das zu erwarten, was wir von unserer Mutter nicht bekommen haben.

Unser **Lernziel** ist Selbstvertrauen. Es entsteht aus dem Gefühl des mit sich selbst eins seins, der seelischen Identität, und gibt uns emotionale Intelligenz, Empathie – die Fähigkeit, uns in andere Wesen einfühlen zu können, auch und gerade wenn sie schwach sind, leiden, Hilfe benötigen. Die innere Voraussetzung dafür ist, unsere eigenen Gefühle und Bedürfnisse wahrzunehmen und ohne Wertung zu akzeptieren.

Der **Hase** erinnert uns daran, uns auch in unserer Schwäche, Schutzlosigkeit und Ungeborgenheit anzunehmen, zu achten und zu lieben.

SPRICHWORT: ***Was Du nicht willst, das man Dir tu‘, das füg‘ auch keinem andern zu.***

ENTWICKLUNGSHINWEISE:
Thema: ***Emotionen, Wünsche, Erwartungen, Geborgenheit, Mutterliebe, Zuhause, Familie***
Aufgabe: ***Mitgefühl, Sensibilität***
Lernziel: ***Selbstvertrauen***
Gefahr: ***das bedürftige Kind zu bleiben***

♌ • LÖWE

Ausstrahlung

Mit Löwe, dem fixen Feuerzeichen, beginnt die zweite Abfolge der vier Elemente. Festes Feuer ist das willensstarke Feuerelement in seiner festen Zustandsform: Aufgrund seiner Eigenrotation erscheint es statisch und ist doch stetig zeugende Aktivität. Feuer, das sich selbst gebiert, das Licht, die Strahlkraft, die Sonnenenergie. Löweenergie ist Lebenslust und Ausstrahlung, die Freude, die jedes Lebewesen empfindet, das unbeschwert es selbst sein kann. Souveränität, kreative Selbstentfaltung, individuelle Selbstverwirklichung: Lebensenergie auf dem Höhepunkt ihrer Kraft.

Wenn wir Planeten im Zeichen Löwe haben, sind Authentizität und Selbständigkeit für uns von großer Bedeutung. Mit Selbstvertrauen und Selbstsicherheit, Großzügigkeit und Warmherzigkeit möchten wir im Hier und Jetzt leben – einfach Sein und dieses unser Sein charismatisch darstellen.

In dem **Haus** unseres Horoskops, das im Löwen steht, finden wir die Ressourcen für unsere innere Sonnenenergie, die emotionale Kraft, mit der wir unsere seelischen Kräfte koordinieren und unser Leben kreativ und selbstverantwortlich gestalten können.

Wenn die **Sonne** im Löwen steht, ist die heißeste Zeit des Jahres. Es ist August, Hochsommer, die Ernte ist eingebracht, die Sonne brennt auf staubige Felder und Wärmegewitter inszenieren dramatische Himmelsereignisse.

Die **Biene** ist die Königin unter den Insekten. So wie sie Nektar sammelt und in kostbaren Honig umwandelt, können wir Freude sammeln für dunklere Zeiten.

STICHWORTE: ***herzlich, lebendig, selbständig, selbstbewusst, selbstsicher, überzeugend, großmütig, großzügig, spendabel, fair, strahlend, glänzend, prächtig, schöpferisch, kreativ, selbstherrlich, überheblich, autoritär, eitel, eingebildet; Sein, Leben, Vitalität, Koordination, Steuerung, Spiel, Spaß, Sexualität, Anerkennung, Sieg, Charisma, Mittelpunkt, Zentrum, Privileg, Souveränität, Konkurrenz, Wettbewerb, Selbstüberschätzung, Risiko.***

ZUORDNUNGEN:
Element: ***Feuer***
Regent: ***Sonne***
Analoges Haus: ***V***
Monat: ***23. Juli – 23. August***
Körperregion: ***Brust, Oberbauch***

☉ • SONNE

Ichbewusstsein, Liebesfähigkeit

Die Sonne ist kein Planet, sondern ein Stern. Sie ist das Zentrum unseres Sonnensystems. Sie hält es zusammen und koordiniert seine Abläufe. Alle anderen Planeten, einschließlich der Erde, drehen sich um sie. Als Himmelslicht des Tages macht die Sonne den Tag erst zum Tag. Je länger die Tage sind, desto höher steht sie am Himmel und desto wärmer ist es. Wärme bringt Leben, Licht ist Nahrung für die Zelle. Licht ermöglicht Bewusstsein, Bewusstsein bewirkt Intelligenz.

Psychologisch steht die Sonne für das Ich. Das Ich hat in unserer Psyche die gleiche Aufgabe wie die Sonne im Planetensystem: Es steuert und koordiniert das Zusammenspiel der psychischen Kräfte. Wir erfahren unser Sonnen-Ich als das bewusste Zentrum unseres Selbst, als Ichbewusstsein, als Identität. Wenn sich die Sonnenenergie in allen Bereichen unseres Lebens frei äußern kann, wenn wir unsere Lebensenergie aus unserer Mitte heraus einsetzen können, um unser Leben und uns selbst bewusst und flexibel schöpferisch zu gestalten, haben wir ein Gefühl von Authentizität, von Lebensfreude und Vitalität.

Die Sonne symbolisiert den Archetyp des Vaters und den des schöpferischen Kindes. Der Vater, als der erwachsene Mann, der die Verantwortung übernimmt für die Familie, die er ins Leben gerufen hat, entspricht dem Erwachsenen-Ich in uns, das bewusst handelt und fähig ist, die Verantwortung für die Konsequenzen aus seinem Handeln zu übernehmen. Das Kind ist das Authentisch-Kreative in uns, das sich selbstvergessen, voll Lust und Liebe, dem Spiel des Lebens widmet.

Der Sonnenkönig hilft uns mit seinen magischen Insignien, über unser inneres Planetenreich mit Herz und Intelligenz zu regieren. Sein Begleittier, der Löwe, gibt uns die Kraft, das Selbstbewusstsein und die Liebesfähigkeit dafür.

Das **Zeichen**, in dem die Sonne in unserem Geburtshoroskop steht, zeigt uns, durch welche Energiequalitäten wir unser Gefühl von Identität und Selbstbestimmung am besten zum Ausdruck bringen.

Das **Haus**, in dem die Sonne steht, verweist auf den Lebensbereich, der in diesem Leben die wichtigsten Aufgaben auf unserem Entwicklungsweg für uns bereithält.

Personifikation der Löweenergie

TYPISCHE ROLLEN: ***Sieger, Erster, Gewinner, Optimist, Selbständiger, Unternehmer, Chef, Vorgesetzter, Vater, Kind, Künstler, Spieler, Schauspieler, Dramatiker, Selbstdarsteller, Spekulant.***

STICHWORTE: ***spielen, schaffen, schöpfen, sein, lieben, strahlen, lachen, fördern, verschenken, gewinnen, dirigieren, regieren, delegieren, protegieren, beherrschen; Vitalität, Lebensfreude, Identität, Authentizität, Wachbewusstsein, Wachheit, Integration, Integrität, Großmut, Fairness, Großzügigkeit, Stolz, Geltungsbedürfnis, Egozentrik, Eitelkeit, Dominanz, Herrschaft, Herrschsucht, Willkür.***

ZUORDNUNGEN: *Griechische Mythologie:* ***Helios, der Strahlende*** *Archetyp:* ***der Vater, das Ich;*** *Körperliche Entsprechung:* ***Herz, Kreislaufsystem, Rückenmark, Wirbelsäule, Sympathikus;*** *Metall:* ***Gold.***

V • 5. Haus

Selbstdarstellung

SITUATION: Es geht um authentische Selbstdarstellung, Kreativität, Spiel und Freude. Aus unserem inneren Zentrum heraus können wir uns zeigen, wie wir sind. Unser Identitätsgefühl gibt uns die Stärke, präsent zu sein, bewusst im Augenblick zu leben, die Freude des Hier und Jetzt zu genießen und andere daran teilhaben zu lassen.

Zum fünften Haus gehören die Ereignisse und Erfahrungen, die der Sonnensymbolik entsprechen. Es zeigt unsere Art zu sein, uns selbst und unser Leben zu organisieren, ein Bewusstsein von Kompetenz und Selbstbestimmung zu entwickeln und auf dieser Basis unser Bestes zu geben. Hier finden wir unsere individuellen Möglichkeiten, zu zeigen, wer wir sind und was wir können.

Nachdem wir im vierten Haus unsere emotionale Identität entwickelt haben, können wir uns im fünften Haus selbstbewusst und spontan dem Spiel des Lebens hingeben. Hier ist der Höhepunkt unseres Individuationswegs, hier können wir in Kenntnis unserer Fähigkeiten und Bedürfnisse ein stabiles Bewusstsein unserer Individualität entwickeln. Wir kommen in Kontakt mit unserem inneren Kind und gönnen uns die Freuden des Erwachsenseins: kreativ unser Leben selbst bestimmen zu können, Sonne im Zentrum unseres Kosmos zu sein.

Das **Selbstbewusstsein**, das wir hierfür benötigen, kommt aus der Anerkennung und Achtung, die wir für uns selbst aufbringen. Oft wird Selbstbewusstsein mit Stärke und Machtausübung verwechselt, es beruht aber auf dem Bewusstsein unserer Bedürfnisse und Fähigkeiten. Als Kinder sind wir zunächst immer unverfälschte kleine Persönlichkeiten. Wenn wir als solche von den Erwachsenen, mit denen wir zu tun haben, nicht geachtet werden, ist die Gefahr groß, dass wir unsere wahre Identität verstecken und beginnen, uns in der Art darzustellen, für die wir die Liebe und Anerkennung unserer Bezugspersonen erhoffen. Dann verlieren wir den Kontakt mit unserer wahren Natur, verfangen uns in Konkurrenzkämpfen und entwickeln ein Schein-Ich. Wir identifizieren uns mit der Rolle, die von uns erwartet wird und sind uns unserer wahren Gefühle und Bedürfnisse nicht mehr bewusst.

Unser **Lernziel** ist Autonomie. Erwachsensein bedeutet, unsere eigenen Bedürfnisse wahrzunehmen und sie auch selbst zu erfüllen, selbständig unsere Entscheidungen zu treffen und die Verantwortung dafür zu übernehmen.

Der **Pfau** erinnert uns daran, dass es im Universum unzählige Sonnen gibt, von denen jede auf ihre eigene Weise strahlt und ihre eigene Vollkommenheit darstellt.

ENTWICKLUNGSHINWEISE:
Thema: ***Emotionen, Repräsentation, Vaterliebe, Kinder, Kreativität, Spiel, Lebensfreude, Sex***
Aufgabe: ***Selbstbewusstsein, Authentizität, Großzügigkeit, fördernde Liebe***
Lernziel: ***Selbstbestimmung, Autonomie***
Gefahr: ***sich vom Wunsch nach Anerkennung leiten zu lassen***

♍ • JUNGFRAU

Gründlichkeit, Genauigkeit

Jungfrau ist das veränderliche Erdzeichen. Das statische Erdelement in seiner Wandlungsphase: Festes wird labil. Nachdem das Element Erde im Stier seinen stabilen Zustand erreicht hat, muss es sich nun in der Jungfrau der Notwendigkeit beugen, es muss sich wandeln. Schweres wandelt sich in Leichtes. Erdenergie ist eine weibliche Energie. Jungfrau symbolisiert die weibliche Intelligenz, die Vernunft. Die Vernunft rät uns, unser Umfeld in unsere Entscheidungen einzubeziehen. Sie rät uns, nicht selbstherrlich wie der Löwe uns zum Zentrum unseres Interesses zu machen, sondern praktisch und pragmatisch zu tun, was der Augenblick erfordert. Darwin schrieb vom ‚survival of the fittest'. Fit heißt angepasst, tüchtig. Wer sein Verhalten vernünftig auf die Umgebungsbedingungen abstimmen kann, erreicht die besten Ergebnisse.

Planeten im Zeichen Jungfrau verleihen uns ein feines Sensorium für unser Umfeld. Wir beobachten genau und passen uns den Umständen an, wenn wir es für sinnvoll oder notwendig erachten. Ökonomie ist uns wichtig und wir lieben nützliche und praktische Erfindungen zur Erleichterung des Alltags. Wir können uns aber auch verzetteln im Kleinkram, den Blick für Kausalzusammenhänge verlieren und Kritik- und Mäkelsucht für Analysefähigkeit halten.

In dem **Haus**, das mit dem Zeichen Jungfrau beginnt, finden wir die Wurzelkraft für Jungfraumerkur. Die weibliche Seite unserer Merkurenergie enthält unsere Fähigkeit, zyklische Abläufe zu verstehen und systemisch und vernetzt zu denken.

Wenn die **Sonne** im August ins Zeichen Jungfrau geht, wird ihre Heftigkeit gebremst. Der Sommer geht in den Herbst über. Der Lichteinfall ist schräger, die Schatten werden länger, die Tage merklich kürzer. Die eingebrachte Ernte wird verarbeitet, Vorräte für den Winter angelegt. Die Zeit des Feierns und der Sorglosigkeit ist vorbei, kluge Planung ist angesagt – wer weiß, was die Zukunft bringen wird.

Von der **Ameise** können wir lernen, unsere Handlungen in einen größeren Zusammenhang zu stellen, indem wir sie auf unser Umfeld abstimmen.

STICHWORTE: *anmutig, sorgsam, sorgfältig, umsichtig, vorsichtig, praktisch, pragmatisch, nachdenklich, nüchtern, reinlich, fleißig, brav, schüchtern, gehemmt, kleinlich, pedantisch, engstirnig, penibel, peinlich, übergenau, perfektionistisch, kritiksüchtig; Dankbarkeit, Freundlichkeit, Bescheidenheit, Reinheit, Klarheit, Reinigung, Sauberkeit, Reinheitsgebot, Methodik, Logik, Pragmatismus, Recycling, Psychosomatik, Hygiene, Heilung, Unzufriedenheit, Besserwisserei, Kritik, Pedanterie, Kleinlichkeit, Engherzigkeit.*

ZUORDNUNGEN:
Element: Erde
Regent: Merkur
Analoges Haus: VI
Monat: 24. August – 23. September
Körperregion: Bauch, Nabel

☿ • MERKUR

Analysefähigkeit, Denken, Vernunft

Jungfraumerkur symbolisiert unsere Fähigkeit zu vernetztem Denken. Vernetztes Denken ist vernünftiges Denken, denn es bezieht Umstände und Auswirkungen mit ein, kann systemische Zusammenhänge, Regelkreise und Rückkoppelungseffekte erkennen. Daher ist die Jungfrauseite Merkurs praxisbezogen, empirisch und praktisch. Sie kann die Ergebnisse ihrer Handlungen bis zu einem gewissen Grad voraussehen. Das hilft uns, unangenehme Erfahrungen zu vermeiden. Voraussetzung dafür ist die ständige Kategorisierung, Analyse und Verarbeitung eingehender Informationen. Aus ihnen kann dann mit Geschick etwas Neues entwickelt werden, das sich mit Sicherheit als praktikabel, nützlich und ökonomisch herausstellen wird.

Jungfrau-Merkur ist die jüngste der drei Erdkräfte. In matriarchalen Kulturen ist die jüngste Tochter, Kore, diejenige, die den Besitz der Mutter erbt, denn sie gibt die Familienlinie weiter. Doch muss sie dieses Erbe auch klug verwalten, erneuern und damit arbeiten. Sie symbolisiert die weiblich-erdhafte Seite unseres Denkens, die ganzheitliche und daher ökologische und lebensfreundliche. Sie ist nicht so theoretisch und abgehoben wie ihr Zwillings-Bruder, sondern realistisch, realitätsnah und sachlich.

Kore bringt uns die Ergebnisse unseres Denkens und Handelns. Können wir damit zufrieden sein? Sind sie umweltverträglich? Sie leiht uns das Schwert ihrer Unterscheidungskraft, um die Zusammenhänge zwischen unserem Denken, Fühlen und Handeln erkennen zu können. Ihr Begleittier ist der Kranich, der auf der Erde und in der Luft heimisch ist. Er hilft uns, den Alltag aus einer höheren Perspektive zu betrachten, damit wir uns nicht zu sehr in Details verlieren.

Das **Zeichen**, in dem Merkur in unserem Horoskop steht, zeigt an, auf welche Art und Weise wir Informationen aufnehmen, verarbeiten und weitergeben.

Das **Haus**, in dem Merkur steht, zeigt mit welchen Themen und Erfahrungen wir uns besonders stark denkend-analytisch befassen.

Personifikation der Jungfrauenergie

TYPISCHE ROLLEN: ***Spezialist, Techniker, Pragmatiker, Kopfmensch, Buchhalter, Computerspezialist, Arzt, Krankenschwester, Heiler, Heilpraktiker, Psychoanalytiker.***

STICHWORTE: ***arbeiten, beobachten, annehmen, akzeptieren, analysieren, verarbeiten, planen, systematisieren, unterordnen, dienen, reinigen, desinfizieren, nörgeln, kritisieren, schwarzsehen, schulmeistern; Assimilation, Nützlichkeit, Sachlichkeit, Zurückhaltung, Auswertung, Vorsicht, Genauigkeit, Gründlichkeit.***

ZUORDNUNGEN:
Griechische Mythologie: ***Kore, das Mädchen;*** *Archetyp:* ***die jüngste Tochter, die Unschuld, der hilfreiche Geist, die Kluge;*** *Körperliche Entsprechung:* ***Dünndarm, Hände, Pankreas;*** *Metall:* ***Zink.***

VI • 6. Haus

Verarbeitung

SITUATION: Wir befinden uns im Reich der Notwendigkeit und erkennen, dass wir abhängig sind von den Bedingungen unserer Umgebung und den Möglichkeiten, die sie für uns bereithält. Geduldig müssen wir die Mühle drehen. Beim Umkreisen der Mitte lernen wir, die Zusammenhänge zwischen Materie und Geist zu verstehen.

Zum sechsten Haus gehören die Ereignisse und Erfahrungen, die mit der Energie von Jungfrau-Merkur verbunden sind. Es zeigt, wie wir die Dinge des Alltags bewältigen, uns an die Notwendigkeiten des Lebens anpassen und uns in unser Umfeld einordnen.

Nachdem wir im fünften Haus unseren großen Auftritt auf der Bühne des Lebens hatten, lernen wir jetzt den grauen Alltag kennen. Wir finden uns auf dem Boden der Tatsachen wieder inmitten der Mühsal des alltäglichen Lebens, wie Arbeit, Ernährung, Gesundheit. Viele Dinge müssen immer wiederkehrend erledigt werden, ganz ohne den Glanz des Individuellen, Besonderen.

Die **Fähigkeit**, die am besten geeignet ist, Probleme des sechsten Hauses zu lösen, ist die Vernunft. Sie hilft uns, die Situation zu analysieren, zu akzeptieren, was nicht zu ändern ist, und Lösungen zu finden, wo etwas verbessert werden kann. Mit Pragmatismus,

Erfindungsgabe und Geschicklichkeit können wir unser Augenmerk auf die kleinen Dinge des Lebens richten und Selbstverwirklichung im Alltag finden. Wenn wir verstehen, wie sich das Große im Kleinen ausdrückt, das Alltägliche sich auf das Ganze auswirkt, das Profane Teil des Heiligen ist, gelingt es uns leichter, unsere seelische Eigenart im ständigen Dialog mit unseren Rahmenbedingungen auszudifferenzieren und weiterzuentwickeln.

Unser **Lernziel** ist, die Zusammenhänge zwischen Innenwelt und Außenwelt, zwischen seelischen und körperlichen Vorgängen zu erfassen. Wenn wir nicht verarbeiten können, was uns zustößt, uns zu sehr an äußere Erfordernisse anpassen und uns selbst verleugnen, müssen wir damit rechnen, krank zu werden. Psychosomatische Krankheiten entstehen, weil unterdrückte Gefühle, negative Gedanken und unverarbeitete Erlebnisse über den Körper unsere Aufmerksamkeit einfordern.

Uns bewusst zu werden über unsere Gefühle und ihre Auswirkungen auf unser Denken und Handeln ist Voraussetzung für die Heilung.

Das **Rebhuhn** kann im Gegensatz zum Haushuhn fliegen. Es warnt uns davor, uns mit negativen Gedanken selbst die Flügel zu stutzen.

SPRICHWORT: ***Vorbeugen ist besser als heilen.***

ENTWICKLUNGSHINWEISE:
Thema: ***Aufgabe, Arbeit, Gesundheit, Krankheit, Heilung, Psychosomatik***
Aufgabe: ***Realitätsanpassung, Dankbarkeit***
Lernziel: ***Selbstachtung***
Gefahr: ***sich in negativen Gedanken zu verstricken***

DC • DESZENDENT

Das Du, das Begegnende · Erfahrung

Der Deszendent ist das dem Aszendenten gegenüber liegende Zeichen, das Zeichen, das zum Zeitpunkt der Geburt im Westen untergeht. Die Achse Aszendent – Deszendent entspricht der Horizontachse. Sie trennt das Horoskop in eine untere und eine obere Hälfte, wobei die unter dem Horizont liegenden Häuser mehr unserer Innen- und Erdenwelt entsprechen und die über dem Horizont liegenden mehr der Außen- und Geistwelt. Der dritte Quadrant, der hier beginnt, entspricht unserem mentalen Bereich und dem Bereich des Anderen, des dem Ich (AC) Begegnenden.

Nachdem wir im sechsten Haus an unsere Grenzen zur Außenwelt gestoßen sind, begegnen wir hier dem Du. Das Du ist zunächst einfach alles, was wir als Nicht-Ich empfinden – die Welt, die uns umgibt. Doch erleben wir natürlich vor allem andere Lebewesen als Begegnende und darunter besonders unsere Mitmenschen. Sie sind das, was uns ergänzt, was uns ganz macht, unser Gegensatz, unsere andere Hälfte, sprich unser Alter Ego – das andere Ego.

Der Deszendent zeigt nicht, was uns begegnet, sondern wie wir es wahrnehmen, welche Erfahrungen wir mit anderen machen. Je weniger wir uns selbst kennen, desto mehr werden wir im Gegenüber uns selbst sehen. Und dabei meist nicht unsere bewusste Seite, sondern die Persönlichkeitsanteile, die wir an uns selbst nicht wahrhaben wollen, weil sie nicht zu dem bewussten Idealbild von uns selbst passen, zu unserer Persona (AC). Wir sehen im anderen, was wir bei uns selbst nicht sehen wollen, wir interpretieren das Verhalten unseres Gegenüber und seine Worte so, dass sie zu unseren Vorannahmen passen und verhalten uns selbst dementsprechend. Damit veranlassen wir wieder unser Gegenüber zu bestimmten Reaktionen und so fort.

Wenn wir den Anderen anders sein lassen, lernen wir durch die Begegnung mit ihm auch uns selbst kennen. Und wenn wir uns selbst kennen, können wir den Anderen in seinem Anderssein annehmen und von ihm lernen. In der Verschiedenheit liegen die Vielfalt, die Fülle und der Reichtum des Lebens.

Herr K. wurde einmal gefragt:
„Was tun Sie, wenn Sie einen Menschen lieben?"
Herr K. antwortete:
„Ich mache mir einen Entwurf von ihm und sehe zu, dass er ihm ähnlich wird."
„Wer – der Entwurf dem Menschen?"
„Nein, der Mensch dem Entwurf."

BERTOLT BRECHT

♎ • WAAGE

Reflektion, Ausgleich, Verbindlichkeit

Waage ist das kardinale Luftzeichen. Das verbindende Luftelement in seiner Handlungsphase. Es wird symbolisiert durch die Waagschalen, die sich – über einen Balken aneinander gekoppelt – in entgegengesetzter Richtung auf und ab bewegen. Wie dieses Bild zum Ausdruck bringt, ist Waageenergie die Energie des Ausgleichens, des in Balance Haltens. Das ist eine ständige Aktivität und Anstrengung – denn jedes Gleichgewicht besteht nur im Augenblick und kann in jedem Moment in Richtung des einen oder anderen Pols ins Schwanken geraten.

Planetenkräfte im Zeichen Waage sensibilisieren uns für alle Arten von Ungleichgewicht. Wir versuchen, Harmonie, Gleichgewicht und Gerechtigkeit herzustellen durch Verstehen und Reflektieren unserer Beziehungen, denn wir erleben uns selbst im Spiegel des uns Begegnenden.

In dem Lebensbereich, der durch das **Haus** symbolisiert wird, das im Zeichen Waage steht, finden wir die Kraftquelle für unsere Venusenergie, unsere Fähigkeit auf andere zuzugehen, Kontakte zu knüpfen und aufrechtzuerhalten, uns in Liebe zu binden.

Die Zeit, in der die **Sonne** durch die Waage geht, beginnt mit der Herbst-Tag-und-Nachtgleiche. Ab jetzt werden die Nächte wieder länger als die Tage. Das Winterhalbjahr beginnt, die Zeit, in der die Mondkräfte wieder stärker werden als die Sonnenkräfte. Im Übergang zwischen der Sommer- und der Winterhälfte des Jahres herrscht Gleichgewicht, doch dieses Gleichgewicht ist nur ein vorübergehender Zustand im Wechsel von einem Extrem zum anderen. Dauerndes Gleichgewicht wäre Erstarrung. Lebendiges Gleichgewicht, Homöostase, liegt im rhythmischen Wechsel zwischen zwei Polen.

Der **Schmetterling** erinnert uns daran, dass Symmetrie Schönheit und Harmonie ist, und die Voraussetzung dafür, fliegen zu können.

STICHWORTE: ***schön, anmutig, verführerisch, anziehend, lockend, schmeichelnd, harmonisch, bezaubernd, beliebt, friedfertig, taktvoll, diplomatisch, nachgiebig, gefällig, ausgeglichen, unentschieden, unentschlossen, konfliktscheu, schönfärberisch, unecht; Ästhetik, Harmonie, Kunst, Muse, Ergänzung, Eintracht, Mediation, Homöostase, Balance, Prozess, Spiegelung.***

ZUORDNUNGEN:
Element: ***Luft***
Regent: ***Venus***
Analoges Haus: ***VII***
Monat: ***24. September – 23. Oktober***
Körperregion: ***Lenden, unterer Rücken, Nierenbereich***

♀ • VENUS

Kontaktfähigkeit

Waagevenus ist die aktiv-luftige Seite der Venuskraft. Als solche symbolisiert sie unsere Fähigkeit, Kontakte zu knüpfen, unsere Gefühle zum Ausdruck zu bringen und regulierend auf alle Arten von homöostatischen Prozessen einzuwirken. Sie ist die weibliche Ergänzung zu Mars und in der griechischen Mythologie mit diesem in eine andauernde Affäre verwickelt. Das veranschaulicht die Anziehungskraft, die zwischen allen Gegenpolen, allem sich Begegnenden herrscht: die Sympathie. Dabei sollten beide Pole gleich stark sein, sonst wird aus Gegenseitigkeit einseitiges Vereinnahmen. Aufgabe der Venus ist es, die Anziehungs- und Beziehungskräfte in beweglichem Gleichgewicht zu halten – die Homöostase aufrechtzuerhalten.

Als Luftzeichen hat das Zeichen Waage eine männliche Energiequalität. Im polaren Gegensatz zur Widderenergie empfinden wir diese sanftere, verbindliche Energie als weiblich, aber nicht als eine rezeptive, sondern als eine aktive weibliche Kraft. Dies wird in der aktiv-lockenden Verführungskraft der Liebesgöttin Venus dargestellt. Anziehung ist Schönheit, Schönheit ist eine Offenbarung des Göttlichen. In vorpatriarchalen Zeiten war Venus daher die höchste der Gottheiten. Ihr Begleiter ist Eros, altgriechisch Leim – Liebe ist der Leim, der das Universum zusammenhält.

Venus symbolisiert den Archetyp der Anima, den Idealtyp des Weiblichen in uns. Der Begriff *Anima* kommt aus dem Lateinischen und bedeutet Seele. Die Anima beseelt uns, gibt Frauen einen Teil ihrer weiblichen Identität und Männern das Gefühl des Hingezogenseins zum Weiblichen. Ihre luftig-geistige Waageseite ist der Archetyp der *Sophia*, der Weisheit als sinnlich empfundene geistige Kraft, die die körperliche Sinnlichkeit der Stiervenus ergänzt. Die romantische Erotik der Minnelieder erzählt von ihr und die Muse, die unsere musischen Fähigkeiten wachküsst.

Venus schenkt uns ihre Liebesfähigkeit, ihr Gefühl von Ganzheit und Ergänzung und ihre Fähigkeit zum Ausgleichen und Regulieren aller interaktiven Prozesse, auch auf körperlicher Ebene. Ihre Begleittiere sind die Muschel, die darauf hinweist, dass in jeder Anziehung Erotik steckt, und die Turteltäubchen, die daran erinnern, dass Friede auf Gleichgewicht beruht, Schönheit auf Symmetrie, Liebe auf Harmonie.

Das **Zeichen**, in dem Venus steht, zeigt, wie und wofür wir Sympathie und Zuneigung, Anziehung und Liebe empfinden und ausdrücken.

Das **Haus**, in dem Venus steht, verweist auf den Lebensbereich, in dem wir unsere Fähigkeit zu Liebe, Erotik und künstlerischem Ausdruck am besten zum Ausdruck bringen können.

Personifikation der Waageenergie

TYPISCHE ROLLEN: ***Heldin, Geliebte, Schmusekatze, Model, Modell, Künstler, Idol, Designer, Ästhet, Hostess, Stewardess, Anwalt, Verbündeter, Alliierte.***

STICHWORTE: ***umarmen, lieben, heiraten, vereinen, ausgleichen, abwägen, beeinflussen, beeindrucken, überzeugen, verführen; Anziehungskraft, Schönheit, Harmonie, Ausgleich, Selbstregulation, Charme, Feingefühl, Taktgefühl, Rücksichtnahme, Verliebtheit, Romantik, Nachgiebigkeit, Unentschlossenheit, Entscheidungsschwäche, Wankelmut, Abhängigkeit.***

ZUORDNUNGEN: *Griechische Mythologie:* ***Aphrodite, die Verführerische;*** *Archetyp:* ***die Anima;*** *Körperliche Entsprechung:* ***Nieren, Homöostase;*** *Metall:* ***Kupfer.***

VII • 7. Haus

Begegnung

SITUATION: Wir begegnen der Welt, die Welt begegnet uns. Was nehme ich wahr? Was ist Wirklichkeit? Existiert die Welt oder ist sie Illusion? Wir beginnen nachzudenken, entwerfen Konzepte und vergleichen sie mit anderen, und legen damit den Grundstein für den Tempel unserer Weisheit.

Das siebte Haus ist der Erfahrungsbereich der Waage-Venus-Energie. Es zeigt, wie wir Begegnungen wahrnehmen und unsere Beziehungen gestalten, besonders unsere Paarbeziehung.

Das siebte Haus ist das erste Haus der oberen Hälfte unseres Horoskopkreises. Wir haben die Erdhälfte hinter uns gelassen und betreten die Himmelshälfte, die Geisthälfte. Während in den ersten sechs Häusern die Entfaltung des individuellen Ich stattfand, beginnt hier die Rückbindung an die geistige Welt unserer Herkunft. Die Begegnung mit dem Seelenbild, der Anima, bringt die Initiation in die innere Wirklichkeit mit sich. Wenn wir die Augen unseres Herzens öffnen, können wir in allem die *Anima mundi*, die Weltseele, erkennen.

Doch zunächst sehen wir die Welt meist durch den Filter unbewusster Voreinstellungen. Zwar erfolgt die Wahrnehmung über unsere Sinnesorgane, doch was uns davon bewusst wird, hängt von unseren Vorannahmen, Meinungen und Vorurteilen ab. Wir blenden Dinge aus, die wir nicht wahrhaben wollen und interpretieren

Ereignisse so, dass sie unseren Erwartungen und Einstellungen entsprechen. Wir erschaffen die Welt in unserem Kopf. Begegnung beruht auf Wahrnehmung und ist ein mentaler Vorgang, abhängig von unseren Ansichten und Vorerfahrungen. Sie bestimmen, wie wir den anderen sehen, wie wir sein Verhalten interpretieren und auf ihn reagieren.

Die **Energie**, die wir für den Lebensbereich der Begegnung brauchen, ist unsere Venus-Energie, unsere Kontaktfähigkeit. Sie befähigt uns, unsere Mitmenschen wahrzunehmen, auf sie zuzugehen und unsere Beziehungen zu gestalten. Suchen wir im Du die Ähnlichkeit oder die Ergänzung? Sind wir offen für Neues? Sehen wir im anderen, was wir an uns selbst nicht wahrhaben wollen?

Unser **Lernziel** ist es, unterscheiden zu lernen zwischen Ich und Du und den Ausgleich zu finden zwischen unseren Bedürfnissen und denen unserer Partner. Offen zu sein für die Begegnung und doch wir selbst zu bleiben. Die Waage zu halten zwischen Ich und Du, und diese Balance ständig auszuregulieren.

Von der **Katze** können wir lernen, mit allen Sinnen wahrzunehmen und die schönen Dinge des Lebens entspannt und sinnlich zu genießen.

SPRICHWORT: ***Gegensätze ziehen sich an. Gleich und Gleich gesellt sich gern. Wie man in den Wald hinein ruft, so schallt es heraus.***

ENTWICKLUNGSHINWEISE:
Thema: ***Partnerschaft, Nähe, Bindung, Beziehung, Ehe, Verpflichtung***
Aufgabe: ***Offenheit, mit dem Herzen sehen lernen, die Welt des Geistes entdecken***
Lernziel: ***Selbstwahrnehmung***
Gefahr: ***Einseitigkeit durch ungleiche Kräfteverhältnisse***

♏ • SKORPION

Wandlung

Skorpion ist das fixe Wasserzeichen. Das Gefühlselement Wasser verliert seine Beweglichkeit und kommt in einen stabilen Zustand. Doch ist dieser nur im Augenblick von Dauer. Das einzig Dauernde im Leben ist die Veränderung. Alles Lebendige ist einem ständigen Wandel unterworfen, Lebewesen entstehen, gedeihen, vergehen. Was in der Stierzeit gewachsen ist, stirbt ab und bildet Nährstoffe für den nächsten Wachstumszyklus. Wir haben die Vorstellung von Beständigkeit, und müssen doch die Vergänglichkeit akzeptieren und all die Gefühle, die damit verbunden sind.

Skorpionenergie versetzt uns ins Reich der Gefühle. Gefühle werden körperlich empfindbar und dadurch dem Bewusstsein zugänglich. Skorpionenergie ist pures Gefühl, Gefühl als Zustand des Seins und Medium der Wandlung.

Wenn wir Planeten im Skorpion haben, werden wir die durch sie symbolisierten Wirkkräfte und Wesenszüge extrem leben – leidenschaftlich und tiefgründig. Alles Laue langweilt uns, alles Oberflächliche wird hinterfragt. Wir wollen die Geheimnisse des Lebens erforschen, Verborgenes und Verbotenes fesseln unsere Aufmerksamkeit. Wir sind frei zu entscheiden, ob wir all dem nur in der Außenwelt nachgehen wollen, oder auch in unserer Innenwelt.

In dem **Haus,** das im Skorpion steht, finden wir Stärke und Mut für unsere Begegnung mit Pluto, dem Herrn der Unterwelt. Er führt uns in Bereiche, in die wir uns nicht gerne vorwagen, indem er uns das Bedürfnis gibt, dem Unerklärlichen und Widersprüchlichen, dem Geheimen und Tabuisierten nachzugehen und das Licht des Bewusstseins auf unser Verdrängtes, unsere Schattenbereiche zu werfen.

Im **Jahreszyklus** erleben wir die Skorpionenergie im Herbst, wenn die Blätter von den Bäumen fallen und sich die Lebensprozesse unter die Erdoberfläche zurückziehen. Auf nebelfeuchten Wiesen gedeihen Pilze, die uns an Magie und Zauberei, an Waldgeister und Schamanen erinnern.

Der **Skorpion** hat seinen Giftstachel nicht zum Töten von Beute, sondern zur Verteidigung seines Lebens. In der richtigen Dosierung kann dieses Gift heilen.

STICHWORTE: ***mutig, eigenwillig, ehrlich, direkt, gründlich, tiefschürfend, explorativ, forschend, detektivisch, scharfsinnig, zielstrebig, leidenschaftlich, unnachgiebig, rücksichtslos, tabulos, verletzend, vorstellungsgebunden, fanatisch, sadistisch; Verdichtung, Widerstand, Wissen, Einfluss, Metamorphose, Defensive, Existenzkampf, Verschmelzung, Empfängnis, Geheimnis, Untergrund, Rückzug, Implosion, Leitbild.***

ZUORDNUNGEN:
Element: ***Wasser***
Regent: ***Pluto***
Analoges Haus: ***VIII***
Monat: ***24. Oktober – 22. November***
Körperregion: ***Genitalbereich***

♇ • PLUTO

Macht, Regenerationsfähigkeit

Der Planet Pluto symbolisiert transpersonale Kräfte, Kräfte, die uns auffordern, uns zu binden und uns dadurch zu wandeln. Innere Wandlung ist ein Prozess, der viel Überwindung kostet, weshalb wir immer wieder versuchen, ihn nach außen zu wenden und unsere Umwelt zu ändern statt uns selbst.

Bevor Pluto als äußerster Planet unseres Sonnensystems entdeckt wurde, wurde die Skorpionenergie durch Mars personifiziert. Es war die weibliche Seite des Mars – die Seite, die Aktivität annimmt und aufnimmt, sie bindet, verdichtet und umformt, unsere persönliche Wandlungskraft. Mit Pluto tritt eine überpersönliche Wandlungskraft in unser Leben, ihr Wirken ist noch tiefgreifender und intensiver.

Pluto ist der Archetyp des Seelenheilers. Seelische Krankheit entsteht durch nicht verheilte seelische Verletzungen. Wenn wir diese seelischen Wunden nicht angemessen behandeln oder sie sogar leugnen, binden sie Energie in unserem Unbewussten. Pluto ist der Herrscher über diese Unterwelt aus Verdrängtem, Verleugnetem, all dem, was wir nicht wahrhaben wollen. Wir begegnen Pluto in unseren Zwängen und Fixierungen, im Erleben von Ohnmacht und im Ausüben von Macht bis hin zu Gewalt. Macht über andere auszuüben, dient der Kompensation nicht verarbeiteter Angst- und Ohnmachtsgefühle und der daraus resultierenden Entfremdung von unserem Wesenskern. Als Kinder haben wir wohl alle irgendwann einmal das Gefühl des ohnmächtig Ausgeliefertseins erlebt. Für manche von uns war das so traumatisierend, dass sie es von ihrem Bewusstsein abspalten mussten. Dieses Verdrängte arbeitet in uns weiter und wird sich irgendwann einmal Aufmerksamkeit erzwingen. Seelische Heilung findet durch den Gang in die Unterwelt statt – durch die Auseinandersetzung mit dem Unverarbeiteten, das unsere Energie blockiert und uns krank macht.

Wenn wir den Mut haben, uns seiner Führung zu überlassen, dann hilft Pluto uns, unsere tiefsten Ängste zu überwinden und dort hinzuschauen, wo der Schmerz am größten ist. Dort liegt die Heilung. Plutos Begleittier ist Zerberus, der Wächter der Unterwelt. Er warnt uns vor der Gefahr, der Faszination des Schreckens zu erliegen – dann können wir uns nicht von unserem Leiden lösen und bleiben Gefangene unserer Unterwelt.

Das **Zeichen**, in dem Pluto steht, gibt Auskunft über die Vorstellungen und Leitbilder, die von unserer Generation einer Revision und Reformation unterzogen werden sollen.

Das **Haus**, in dem Pluto steht, zeigt den Lebensbereich, in dem wir durch Schmerzen, Krisen und Traumata gehen müssen, um uns seelisch zu wandeln und zu wachsen.

Personifikation der Skorpionenergie

TYPISCHE ROLLEN: ***Forscher, Psychologe, Therapeut, Schamane, Magier, Maler, Archäologe, Widerstandskämpfer, Spion, Detektiv, Kriminalkommissar, Täter, Erpresser, Tyrann, Terrorist.***

STICHWORTE: ***verbinden, ergründen, erforschen, explorieren, verteidigen, schützen, abgrenzen, fesseln, verfolgen, verbeißen, bedrohen, bemächtigen, überwältigen, zerstören; Bindungskraft, Innenblick, Selbsterforschung, Selbstbeherrschung, Hingabe, Faszination, Mut, Aggressivität, Willensstärke, Scharfsinn, Defensive, Obsession, Fixierung, Zwang, Wahn, Feindseligkeit, Destruktivität, Zynismus, Zerstörungswut, Hass.***

ZUORDNUNGEN: *Griechische Mythologie:* ***Hades, der Herr der Unterwelt;*** *Archetyp:* ***der Seelenheiler;*** *Körperliche Entsprechung:* ***Dickdarm, Geschlechtsorgane, Immunsystem;*** *Metall:* ***Stahl.***

VIII • 8. Haus

Vorstellung, Wandlung

SITUATION: Wir befinden uns im Reich der Seele. Wo immer wir uns binden, müssen wir uns wandeln. Wir suchen die Leidenschaft, das Unergründliche, Abgründige. Die Faszination des Geheimnisvollen lockt uns in verbotene Räume und tabuisierte Bezirke.

Das achte Haus ist der Erfahrungsbereich der Plutoenergie. Es zeigt, wie wir unsere intimen Begegnungen erleben und gestalten und wie wir uns den unumgänglichen Wandlungen im Leben hingeben können.

Nachdem wir im siebten Haus mit dem Begegnenden in Kontakt gekommen sind und ausgewählt haben, an welche Kontakte wir uns binden wollen, findet hier im achten Haus die Wandlung durch die Begegnung statt. Diese Wandlung kann in Freude und Lust stattfinden, wenn wir fähig sind zu Offenheit und Hingabe. Hierfür sind Achtung und Wertschätzung, die Gaben des Stier-Venus-Prinzips, Voraussetzung. Begegnung ohne Achtung führt zur Überwältigung des Schwächeren durch den Stärkeren, zu Gefühlen von Ausgeliefertsein, Angst und Ohnmacht. Erlebnisse des Opferseins sind die folgenschwersten für unser ganzes Leben: Wir müssen an ihnen wachsen oder wir gehen daran zugrunde. Sie sind eine Initiation in die Abgründe der menschlichen Seele, in die schwärzesten Bereiche von Vernichtung, Scham und Hass. Wenn wir die darin gespeicherten zerstörerischen Energien nicht umwandeln können in Kräfte der Versöhnung, laufen wir Gefahr, selbst zu Tätern zu werden, das Opfersein weiterzugeben, indem wir die destruktiven Energien gegen uns selbst oder andere richten.

Die **seelische Kraft**, die uns in unsere Innenwelt führt, ist die Kraft von Pluto, dem Herrn der Unterwelt. Er führt Regie, wenn wir uns ins Reich unseres Verdrängten begeben, ins Reich der Schatten, ins Herz der Finsternis. Er konfrontiert uns mit der Macht der Gefühle, setzt uns unter Druck und schmort uns im Saft unserer Zwänge und Fixierungen. Doch wenn wir durch das Feuer unserer Leiden schaffenden Gefühle gegangen sind, gelangen wir zum unzerstörbaren Wesenskern unseres Selbst und finden Regeneration und Heilung.

Unser **Lernziel** ist, Macht über die zerstörerischen und lebensfeindlichen Kräfte in uns selbst zu gewinnen – das bedeutet Heilung und Regeneration.

Die **Eule** erzählt von der Magie der Nächte, von Schatten, die auferstehen und den Suchenden in die Geheimnisse des Daseins einweihen.

SPRICHWORT: *Stille Wasser gründen tief.*

ENTWICKLUNGSHINWEISE:
*Thema: **Leidenschaft, Sexualität, Wandlung, Tod und Wiedergeburt, Psychotherapie***
*Aufgabe: **sich dem Rhythmus des Lebens überlassen***
*Lernziel: **Selbstüberwindung***
*Gefahr: **Fixierung auf für unveränderbar gehaltene Vorstellungen***

♐ • SCHÜTZE

Begeisterung

Mit dem veränderlichen Feuerzeichen Schütze beginnt der dritte Zyklus der vier Elemente. Die unbändige Kraft des Löwefeuers ist gebrochen – auch Feuer muss sich wandeln, sich verfeinern, um in eine andere Energieform übergehen zu können. Das körperlich-energetische Feuer des Widders wandelt sich im Löwen in emotionales, im Schützen in geistiges Feuer: Erkenntnis, Intuition, intuitives Wissen. Empfänglichkeit für die Eingebungen aus der geistigen Sphäre und gleichzeitig das Aufsteigen der Kundalini-Energie im Körper. Wir lernen, das Wasser der buchstäblichen Bedeutung (Zwillinge) in den Wein der geistigen Einsicht zu verwandeln.

Schützeenergie ist Ausdehnung, Ausweitung – nicht an einer Sache haften bleiben, sondern weiterdrängen, nicht rationalisieren, sondern einsehen, nicht beim Vergangenen verweilen, sondern Zukünftiges voraussehen. Nach Trennung und Analyse (Merkur) geht es nun um Synthese und Zusammenschau. Das geistige Feuer beginnt zu brennen und erfüllt uns mit Begeisterung für eine größere Sache, für höhere Ziele, für weitere Horizonte.

Wenn Planeten im Zeichen Schütze stehen, wollen wir die entsprechenden Fähigkeiten einsetzen, um intuitiv und optimistisch den Sinn in allem zu finden und mit unseren philosophischen Einsichten die Welt zu verbessern. Wir lieben den Rausch der Begeisterung, der Ausweitung, der Bewusstseinserweiterung – wenn nicht auf der geistigen Ebene, dann auf der körperlichen: durch Reisen, durch möglichst reibungslose Fortbewegung, durch rauschhafte Sexualität.

Aus dem **Haus**, das mit dem Schützen beginnt, können wir die Energie für Jupiter beziehen, für unsere Fähigkeit, geistig zu reifen, höhere Bildung, philosophische Einsicht und Weisheit zu erlangen.

Wenn die **Sonne** durch das Zeichen Schütze geht, erleben wir die Vorweihnachtszeit. Der Herbst geht in den Winter über, die Vorgänge in der Pflanzenwelt kommen zum Erliegen, wir ziehen uns in warme Räume zurück, zünden Kerzen an, um die langen Abende mit natürlichem Licht zu erhellen und besinnen uns auf innere und höhere Werte – oder wir suchen Ersatz dafür in vorweihnachtlichem Kaufrausch.

Die **Hummel** lebt nur einen Sommer lang und genießt doch den Nektar. Im Erkennen des Sinns können auch wir angesichts der Vergänglichkeit allen Seins Vertrauen und Glück finden.

STICHWORTE: ***optimistisch, idealistisch, begeistert, förderlich, jovial, tolerant, gelassen, selbstsicher, überzeugend, weit, geistig, philosophisch, religiös, gläubig, leichtgläubig, leichtsinnig, überheblich, arrogant, maßlos, selbstgerecht, scheinheilig, fanatisch; Weite, Idealismus, Sinnsuche, Synthese, Ausdehnung, Reifung, Überblick, Ausweitung, Horizont, Höhenflug, Enthusiasmus, Ethik, Humanismus, Moral, Globalisierung.***

ZUORDNUNGEN:
Element: ***Feuer***
Regent: ***Jupiter***
Analoges Haus: ***IX***
Monat: ***23. November – 21. Dezember***
Körperregion: ***Hüften, Oberschenkel***

♃ • JUPITER

Einsichtsfähigkeit, Intuition

In der griechischen Mythologie gilt Zeus-Jupiter als höchster unter den Göttern. Er verschlang seine Geliebte Metis, Klugheit, die dann als Athene, Weisheit, wieder seinem Kopf entsprang. Männliche Weisheit entsteht aus weiblicher Klugheit, durch Einverleibung der Anima-Seele. Im Olymp führt Zeus den Vorsitz der Götterrunde. Er ist der Schauspieler unter den Göttern – er kann jede Gestalt annehmen, wenn er sich davon einen Vorteil verspricht. Meist geht es ihm darum, eine begehrenswerte Frau für sich zu gewinnen. Dann schreckt er vor keinem Täuschungsmanöver zurück. Er ist aber auch der Donnergott. Wenn er nicht bekommt, was ihm seiner Meinung nach zusteht, kann er ein furchterregendes Donnerwetter veranstalten.

Der Planet Jupiter symbolisiert unsere Fähigkeit zu Weitblick, Einsicht und Großzügigkeit, zu Idealismus und Weltoffenheit. Durch das Erkennen von Sinnzusammenhängen entwickeln wir geistige Reife, Weitblick, Weisheit. Deshalb hat Jupiter auch mit unserer Bildungsfähigkeit zu tun. Durch gute Bildung können wir unseren geistigen Horizont erweitern, seelische Freiräume schaffen und uns neue Möglichkeiten für eine sinnvolle und befriedigende Lebensgestaltung eröffnen.

Jupiter symbolisiert den Archetyp des Propheten, des Sehers, der in die Zukunft schauen kann. Er bringt uns intuitive Einsicht und Voraussicht. Er hilft uns, Sinn und Bedeutung zu finden, in kleinen wie in großen Erfahrungen des Lebens. Ohne seine Hilfe hätten wir weder Symbole noch Religionen. Erst die Fähigkeit, Zusammenhänge zu erkennen ermöglicht es uns, unsere Erfahrungen sinnvoll zu deuten.

Jupiter bringt uns das Licht der Erkenntnis höherer Welten, Visionen, Intuition und Optimismus. Sein Begleittier, der Adler, hat einen scharfen Blick für faule Ausreden, Selbstüberschätzung und Überheblichkeit. Wer in große Höhen fliegen will, braucht einen klaren Blick.

Das **Zeichen**, in dem Jupiter steht, gibt Hinweise, auf welche Weise wir nach Antworten auf die großen Fragen des Lebens suchen und wie wir unsere Weltanschauung vertreten.

Das **Haus**, in dem Jupiter steht, zeigt, in welchem Lebensbereich wir einen besonderen Drang nach Ausweitung haben und Sinn und Bedeutung finden können.

Personifikation der Schützeenergie

TYPISCHE ROLLEN: ***Reisender, Reiseleiter, Genießer, Weltbürger, Humanist, Mäzen, Prediger, Priester, Missionar, Bildungsbürger, Heuchler, Rechthaber, Überflieger, Hochstapler, Besserwisser.***

STICHWORTE: ***reisen, expandieren, fördern, glauben, vertrauen, philosophieren, motivieren, versöhnen, einsehen; Weitblick, Voraussicht, Sinn, Freude, Optimismus, Heiterkeit, Humor, Toleranz, Glück, Glaube, Vertrauen, Weltoffenheit, Selbstbesinnung, Weisheit, Ausweitung, Ausdehnung, Inflation, Leichtgläubigkeit, Selbstüberschätzung, Größenwahn, Überheblichkeit, Arroganz, Herablassung, Selbstgerechtigkeit.***

ZUORDNUNGEN: *Griechische Mythologie:* ***Zeus, der Donnerer;*** *Archetyp:* ***der Prophet;*** *Körperliche Entsprechung:* ***Leber, Assimilation;*** *Metall:* ***Zinn.***

IX • 9. Haus

Sinnfindung

SITUATION: Der Reisende hat sein Ziel erreicht. Seine Erfahrungen sind in einem alchemistischen Prozess zu Weisheit gereift, nun zieht er sich aus der Welt zurück. Ohne die Schwelle zu übertreten, kann er, wenn er will, die ganze Welt bereisen. Jüngere Suchende werden den Weg zu ihm finden.

Das neunte Haus ist der Lebensbereich, in dem Jupiter zuhause ist. Es zeigt, wie wir Erkenntnis und Einsicht in die Zusammenhänge zwischen den Dingen gewinnen, unsere Bildung, Weltanschauung, Philosophie und Religion.

Philosophie und Religion entstehen aus dem Wunsch, die Zusammenhänge zwischen der sichtbaren Welt und der Welt des Geistes aufzuzeigen und die Frage nach dem Sinn unserer Existenz zu beantworten. Nachdem wir im achten Haus in die Tiefen unseres Unbewussten vorgedrungen sind, können wir hier im neunten zu den Einsichten und Erkenntnissen gelangen, die unserem Leben Sinn und Bedeutung verleihen. Existentielle Erfahrungen von Verlust, Schmerz und Trauer in einem größeren Sinnzusammenhang zu sehen, hilft uns, sie in unser Leben zu integrieren und gibt uns die Kraft für unser weiteres Leben.

Die **Energie**, die wir für den Lebensbereich der Einsicht brauchen, ist unsere Jupiterenergie. Sie gibt uns das Bedürfnis nach weiten

Horizonten, nach Sinn, nach Glück. Die Möglichkeit zu Einsicht gibt es auf jeder Ebene der Existenz. Bildung erweitert unseren gesellschaftlichen Blickwinkel, durch Auslandsreisen können wir unseren Erfahrungshorizont ausweiten, philosophische Gedanken geben uns Abstand zu Alltagssorgen, religiöse Erfahrungen Trost nach den Verlusten des vorangegangenen achten Hauses.

In Jupiters Ausdehnungskraft liegt aber auch die Gefahr der Selbstüberschätzung und Selbstüberhöhung. Dann können wir zu intoleranten Rechthabern und fanatischen Missionaren in Glaubensfragen werden und viel Unglück anrichten.

Unser **Lernziel** ist, Weisheit zu entwickeln, Einsicht in die höheren Wahrheiten hinter den Dingen der Erscheinungswelt zu erlangen und diese an die Gemeinschaft weiterzugeben. Ob wir die Ziele des neunten Hauses erreicht haben, erkennt man auch an Humor und Toleranz. Die letzte nicht als herablassende Duldung, sondern als Achtung vor unserer Verschiedenheit und im Bewusstsein unserer Gleichheit. Denn alle Lebewesen wünschen sich das Gleiche: glücklich zu sein – sinnvoll eingebunden in die kosmische Ordnung.

Der **Luchs** rät uns zu einem objektiven Blick auf uns selbst. Egal, wie weit wir gekommen sind – es gibt immer noch jemanden, der weiter ist.

ENTWICKLUNGSHINWEISE:
Thema: ***Reisen, Bildung, Horizonterweiterung, Weltanschauung, Philosophie, Religion***
Aufgabe: ***Einsicht, Herzensbildung, Synthese, Selbsteinsicht, Reifung***
Lernziel: ***Weisheit***
Gefahr: ***sich selbst zum Maß aller Dinge zu erheben***

MC • MEDIUM COELI

Himmelsmitte, Zenit · Lebensziel

Es geht um die Wirkungen unseres Erdendaseins. Das Wort Wirkung hängt zusammen mit dem Verb wirken, das die Bedeutung von Handeln wie auch von Weben hat. Handeln ist Weben am Gewirk unseres Lebensgewebes.

Am MC überschreiten wir die Schwelle zum vierten Quadranten. Wir kommen in den überpersönlichen Bereich unseres Horoskops, zur Krone unseres Lebensbaums, an den Zenit unseres Entwicklungswegs – zum Bereich unseres Lebensziels, unserer Bestimmung. In jedem Samenkorn liegt die Anlage zu einer perfekten Pflanze verborgen, doch kann aus einem Apfelkern immer nur ein Apfelbaum entstehen, aus einem Kirschkern immer nur ein Kirschbaum. Als welche Art Baum wir gedacht sind, zeigt sich am MC. Das MC wirkt wie eine Antenne zur geistigen Welt. Wenn der Kontakt nicht blockiert ist, empfangen wir hier die Vision für unser Lebensziel – unsere Berufung.

Die Achse IC – MC zeigt unseren Sozialisationsweg von der familiären Geborgenheit zur Anpassung an die Erfordernisse der Gemeinschaft. Am MC finden wir das Ziel unserer Lebensreise, das Vor-Bild dessen, der wir in diesem Leben werden wollen. Darüber haben wir ein intuitives Wissen. Doch zu Beginn unseres Lebens orientieren wir uns an äußeren Vorbildern. Meist sind es unsere

Eltern, Lehrer, Pfarrer oder andere Erwachsene, die auf uns Einfluss ausüben. Einerseits durch ihre bewussten Erziehungsmethoden und pädagogischen Einflussnahmen, andererseits durch das, was sie uns vorleben. Das vorgelebte Rollenmodell wird Vorbild für unser eigenes Verhalten.

Auf diese Weise bilden wir die psychische Instanz heraus, die Über-Ich, Eltern-Ich oder Gewissen genannt wird. Sie bestimmt unser Lebensdrehbuch, das wir zusammen mit unseren Eltern schreiben. Unsere Aufgabe ist es, dieses Script auf Überfremdungen zu überprüfen und darauf zu achten, ob es uns tatsächlich hilft, der ‚Baum' zu werden, als der wir gedacht sind. Andernfalls sollten wir keine Mühe scheuen, das Drehbuch so umzuschreiben, dass es unserem wahren Sein entspricht. Denn wenn wir uns mit einem negativen, unser wahres Selbst leugnenden Vorbild identifizieren, entfremden wir uns von unserem inneren Wesenskern, verlieren unsere Identität und damit unser Ziel aus den Augen, uns selbst zu finden.

Das Wildschwein bringt uns in Kontakt mit unserem nicht domestizierten Wesenskern. Es gräbt unter unserem Lebensbaum nach verborgenen Schätzen. Haben wir uns nach dem in uns angelegten Gesetz unseres Lebens entwickelt oder durch falsche Autoritäten deformieren lassen? Wer es nötig hat, andere zu dominieren und zu manipulieren, hat kein wirkliches Selbstbewusstsein entwickelt. Er agiert aus unbewussten Ängsten und Minderwertigkeitsgefühlen heraus. Solchen Autoritätspersonen sollten wir misstrauen, und wir sollten nicht selbst so werden wie sie. Jetzt gilt es, falschen Gehorsam genauso wie autoritäres Machtverhalten abzulegen und uns die Erlaubnis zu geben, wir selbst zu sein – unser wahres Selbst zu verwirklichen. Dann können wir auch selbst die Verantwortung für unser Handeln übernehmen und für die Auswirkungen unseres Wirkens.

♑ • STEINBOCK

Standhaftigkeit

Steinbock ist das kardinale Erdzeichen, entstehende Erdenergie, Wurzelenergie. Das Aufbauende der kardinalen Phase in Verbindung mit dem Statischen des Erdelements ergibt die Energie, die der Materie Festigkeit und Schwere, Aufbau und Struktur verleiht. Sie wandelt geistige Schwingung in stoffliche um und lässt aus der Idee Materie entstehen. Sie bewirkt jedoch auch die umgekehrten Prozesse des Abbaus und der Umwandlung von Materieschwingung in geistige Energie. Am Umkehrpunkt zwischen Aufbau und Abbau entsteht ein scheinbarer Stillstand, den wir häufig als Blockade, Hemmung, Behinderung empfinden. Weil es aber im Netz der Energien keinen Stillstand gibt, können wir uns darauf verlassen, dass es nur eine Frage der Zeit ist, bis sich alles ändert.

Planetenkräfte im Zeichen Steinbock machen uns ernsthaft, zuverlässig, pflichtbewusst und ausdauernd. Wir setzen Steinbockenergie ein, wenn wir planen, ordnen, strukturieren, wenn wir anderen Stabilität und Sicherheit geben und sie unterstützen. Steinbockenergie ist eine mächtige Energie, die uns hohe Ziele erreichen lässt, wenn wir mit ihr arbeiten, und die uns unüberwindlich erscheinen kann, wenn wir gegen sie ankämpfen.

Das **Haus**, das im Steinbock steht, zeigt den Lebensbereich an, in dem wir die Ursachen für unsere Blockaden finden können. Wenn wir diese überwinden, können wir hier zu der Wurzelkraft gelangen, die uns hilft, unser Leben nach dem göttlichen Bauplan zu ordnen und zu strukturieren.

Im Dezember, zur **Wintersonnwende**, geht die Sonne ins Zeichen Steinbock. Es ist die Zeit der kürzesten Tage und längsten Nächte. Der Vollmond im Krebs steht so hoch am Himmel wie im Hochsommer die Sonne. Das Licht ist eingefangen im Dunkel, im Kern, im Samen. Die Zeit scheint stillzustehen zwischen dem 23. Dezember und dem 6. Januar. Danach werden die Tage wieder länger. Alle Feste, die wir jetzt feiern, feiern diese Geburt des Lichts – die Rückkehr der Sonne aus der Welt der Dunkelheit. Doch sie sind zugleich auch Dankesfeste an die Mondenergie, die in dieser Zeit anstelle der Sonne Licht ins Dunkel bringt.

Der **Skarabäus**, der die Sonnenkugel durch das Nachtmeer trägt, erinnert uns daran, dass auch nach der dunkelsten Nacht die Sonne wieder aufgeht.

STICHWORTE: ***eigensinnig, kapriziös, fest, schwer, alt, konkret, statisch, beständig, beharrlich, ausdauernd, konzentriert, langsam, gründlich, karg, trocken, hart, spröde, dürr, konventionell, konservativ, beschränkt, begrenzt, traditionell, autoritär, radikal, fundamentalistisch; Struktur, Verwurzelung, Wurzelkraft, Materie, Matrix, Muster, Tradition, Kontinuität, Begrenzung, Patriarchat, Konzentration, Inkarnation, Beharrung, Stillstand.***

ZUORDNUNGEN:
Element: ***Erde***
Regent: ***Saturn***
Analoges Haus: ***X***
Monat: ***22. Dezember – 20. Januar***
Körperregion: ***Knie, Gelenke***

♄ • SATURN

Begrenzung

Von den Planeten, die wir noch mit bloßem Auge erkennen können, ist Saturn der entfernteste. Damit stellte seine Bahn vor der Entdeckung der äußeren Planeten die Begrenzung unseres Sonnensystems dar, die Schwelle zum unbegrenzten Raum des Alls. Saturns griechischer Name Kronos erinnert uns an die Zeit, an die lineare und unumkehrbare Abfolge der Ereignisse in der materiellen Welt. Saturn ist der, der die Dinge fest macht, der Ideen konkret macht, der Vorstellung Wirklichkeit werden lässt. Er schafft Realität oder zumindest das, was wir für Realität halten: die materielle Welt.

Saturn steht für die Konzentrationskraft, die geistige Energiefelder zu seelischer und materieller Energie verdichtet. Er gibt Struktur, Ordnung, Stabilität. Festigkeit ist für unser Leben genauso wichtig wie Flexibilität. Wir brauchen Gesetzmäßigkeiten, auf die wir uns verlassen, Ordnung, auf die wir bauen, Regeln, an die wir uns halten können. Saturn ist der Hüter aller Schwellen. Er kann uns erscheinen wie ein Berg, wie ein unüberwindbares Hindernis, das sich vor uns auftürmt. Wir haben die Wahl, auf welche Weise wir mit dem Hindernis umgehen wollen. Wir können es als Aufgabe annehmen, dagegen kämpfen oder es leugnen. Unsere Entscheidung führt zu Konsequenzen, die wir als Karma erleben.

Saturn symbolisiert den Archetyp der und des Alten Weisen. Seine Energie ist jenseits von männlich und weiblich, es ist die durch Überlieferung tradierte Erfahrungsweisheit unserer Ahnen. Deshalb können wir ihn leicht mit dem sogenannten Über-Ich oder Eltern-Ich verwechseln. Für ein selbstbestimmtes Leben ist es unabdingbar, falsche Autoritäten zu erkennen und uns von überkommenen Vorurteilen, negativen Konditionierungen und blockierenden Verhaltensmustern zu trennen. Dann können wir Saturn als die Stimme unseres Gewissens hören und in den Genuss seiner hilfreichen Seiten kommen.

Saturn hilft dabei, uns auf das Zentrum unseres inneren Raums zu konzentrieren. Dort finden wir das Licht. Saturns Begleiter sind die Böcke. Sie bewachen das Rad des Schicksals, das Rad des Gesetzes. Es sind die Gesetze des Lebens, an die wir uns halten müssen, solange wir inkarniert sind.

Das **Zeichen**, in dem Saturn steht, zeigt, welche Art der Energie uns erst dann zur Verfügung steht, wenn wir bereit sind, die entsprechenden Ängste zu überwinden.

In dem **Haus**, in dem Saturn steht, finden wir die Schwierigkeiten, um die wir nicht herumkommen, wenn wir wirklich wachsen und uns entwickeln wollen. Hier können wir unsere Reifeprüfung ablegen.

Personifikation der Steinbockenergie

TYPISCHE ROLLEN: ***Lehrer, Gesetzgeber, Autoritätsperson, Polizist, Beamter, Bürokrat, Elternrollenspieler, Aufpasser, Angstmacher, Dogmatiker, Diktator, Fundamentalist, Inquisitor.***

STICHWORTE: ***realisieren, konkretisieren, bewerten, stärken, aufbauen, strukturieren, erlauben, stützen, sichern, gehorchen, vorschreiben, befehlen, blockieren, verbieten, strafen, abwerten, verachten; Gewissen, Maßstab, Urteilsfähigkeit, Ordnungsliebe, Konzentration, Ehrlichkeit, Sicherheit, Erlaubnis, Verlässlichkeit, Treue, Beständigkeit, Gesetz, Gerechtigkeit, Realitätssinn, Bedürfnislosigkeit, Autorität, Vorsehung, Schicksal, Strenge, Widerstand, Härte, Hindernis, Blockade, Hürde, Schwierigkeit, Mangel, Armut, Askese, Hierarchie, Unterdrückung, Angst, Schuld, Enge, Depression, Erstarrung, Dogmatismus.***

ZUORDNUNGEN: *Griechische Mythologie:* ***Kronos, der Beschränkende;*** *Archetyp:* ***der/die Alte Weise; Lehrer, Meister; Urahne;*** *Körperliche Entsprechung:* ***Skelett, Wirbelsäule, Haare;*** *Metall:* ***Blei.***

X • 10. Haus

Berufung

SITUATION: Eine Zeit der Prüfung. Wir erreichen unser Lebensziel, indem wir unserem Ruf folgen. Wir können ihn nicht bestimmen, nur annehmen. Wahre Berufung beruht auf den Gesetzen des Lebens, sie wird nie zu lebensfeindlichen Resultaten führen.

Das zehnte Haus ist der Lebensbereich, in dem wir mit Saturenergien konfrontiert sind. Es gibt Hinweise auf unser Eltern-Ich und unser Lebensziel, unsere Berufung, woraus für uns Bedeutung besteht und wie wir Bedeutung finden. Das zehnte Haus zeigt unseren Umgang mit Autoritäten und wie wir uns in Hierarchien einfügen.

Nachdem wir im neunten Haus Einsicht in die Zusammenhänge zwischen den Phänomenen sowie persönliche Reife erlangt haben, treten wir hier im zehnten Haus ins Licht der Öffentlichkeit. Mit der MC-Achse haben wir den Zenit unseres Entwicklungswegs erreicht und den Schritt aus dem persönlichen in den überpersönlichen Bereich getan. Hier sind wir nicht mehr nur uns selbst verpflichtet, sondern auch den Anforderungen der Gemeinschaft. Was ist meine wahre Aufgabe, wie sieht mein Beitrag zum Gemeinwesen aus, wo ist mein Platz in der sozialen Hierarchie? Jetzt brauchen wir die Fähigkeiten der vorangegangenen Häuser. Sie bilden das Rückgrat für die Persönlichkeit, die mit den Anforderungen des Kollektivs konfrontiert wird. Können wir unseren aufrechten Gang auch beim Weg auf den Gipfel beibehalten? Oder beugen wir uns lebensverneinenden Normen und Vorschriften, weil uns das den Weg nach oben erleichtert? Hier finden wir den Prüfstein für unseren Individuationsweg. Wollen wir Autorität sein, weil wir uns unterordnen mussten? Wollen wir treten, weil wir getreten wurden? Identifizieren wir uns mit den Elternrollenspielern, um in ihren Spuren den Gipfel zu erreichen?

Die **Energie**, die wir für die Aufgaben des zehnten Hauses benötigen, ist Saturnenergie. Sie gibt uns die Stabilität und Festigkeit, um auch schwierige Aufgaben, die nicht von heute auf morgen zu lösen sind, mit Geduld und Ausdauer zu verfolgen und uns von auftretenden Hindernissen nicht entmutigen zu lassen. Wenn wir auch widrige Umstände mit Gleichmut ertragen können, sind wir dem Archetyp des Alten Weisen, den Saturn verkörpert, ein gutes Stück näher gekommen.

Unser **Lernziel** ist es, ein Gewissen zu entwickeln, das uns erlaubt, auf der Basis von Urteilsvermögen und Gerechtigkeitssinn die Verantwortung für uns selbst mit unserer Aufgabe in der Gemeinschaft zu verbinden.

Die **Ratte** liebt die Sauberkeit. Sie warnt uns davor, unsere Umwelt zu verschmutzen, nicht nur im materiellen Sinn, sondern auch auf seelischer und geistiger Ebene.

SPRICHWORT: ***Ein gutes Gewissen ist ein sanftes Ruhekissen.***

ENTWICKLUNGSHINWEISE:
Thema: ***Beruf, Öffentlichkeit, Autorität, Bestimmung, Wirkung, Erwirktes, Bedeutung***
Aufgabe: ***Selbstbegrenzung, seinen Platz in der Gemeinschaft finden***
Lernziel: ***Verantwortung***
Gefahr: ***dogmatisch lebensfeindliche Gesetze zu vertreten***

♒ • WASSERMANN

Offenheit

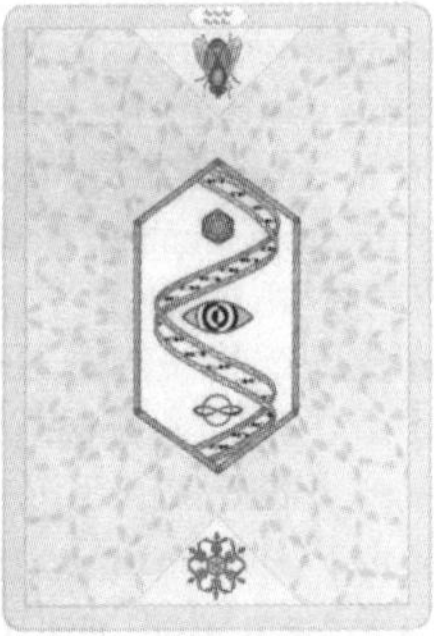

Wassermann ist das fixe Luftzeichen. Feste Luft ist ein typisch wassermännisches Paradoxon. Es ist geistige Energie in ihrer Klarheit und Härte, der Logos, der die Welt erschafft, die Idee, die nach Verwirklichung drängt. Die blitzartige Erkenntnis angesichts einer unerwarteten Veränderung. Der Code als abstrakte Verschlüsselung/Chiffrierung von Information. Wir leben die Wassermannenergie, wenn wir uns öffnen für spontane Einfälle, neue Ideen, die nicht aus unserem bewussten Ich zu kommen scheinen. Wenn wir zu einseitig in der Welt dieser Ideen leben, in der alles möglich und nichts unmöglich ist, können wir unseren Mitmenschen als unverständlich und unberechenbar erscheinen.

Mit Planetenkräften im Wassermann macht es uns Spaß, individuell und originell zu sein, wir lieben die Freiheit und die Freiwilligkeit und fühlen uns wohl, wenn wir spontan unseren plötzlichen Eingebungen folgen können.

Das **Haus**, das mit dem Zeichen Wassermann beginnt, zeigt den Lebensbereich an, aus dem wir die Offenheit für neue Ideen und die Kraft für Veränderungen ziehen können – die Voraussetzung für alle Lern- und Entwicklungsprozesse. Dabei sollten wir die uranische Sprunghaftigkeit nicht dazu verwenden, unseren mentalen Fixierungen auszuweichen.

Wenn die **Sonne** ins Zeichen Wassermann geht, ist die kälteste Zeit des Jahres. Schnee bedeckt die Erde, alles Leben in der Natur scheint erstarrt. Doch in der Erde erwarten die Pflanzen das Leben spendende Wasser, das in der Schneedecke gebunden ist.

Unter dem Mikroskop betrachtet, gleicht keine Schneeflocke einer anderen. Jede hat ihr eigenes, individuelles Aussehen. Taut man eine auf und friert sie wieder ein, bildet sie wieder das gleiche Muster, das sie vorher gehabt hatte.

Die **Fliege** ist die größte Flugkünstlerin unter den Insekten. Mit ihren blitzschnellen Wendemanövern erinnert sie uns an die Freiheit des Geistes, der in keiner Richtung festgelegt ist.

STICHWORTE: ***erfinderisch, anregend, unverbindlich, originell, exzentrisch, neu, modern, unkonventionell, antiautoritär, besonders, überraschend, plötzlich, unerwartet, unvorhersehbar, unberechenbar, unruhig, rebellisch, radikal; Individualität, Originalität, Offenheit, Anregung, Aufregung, Störung, Unruhe, Neuerung, Moderne, Avantgarde, Telekommunikation, Ideal, Ideologie, Fanatismus, Befreiung.***

ZUORDNUNGEN:
Element: ***Luft***
Regent: ***Uranus***
Analoges Haus: ***XI***
Monat: ***21. Januar – 19. Februar***
Körperregion: ***Waden, Sprunggelenke***

⛢ • URANUS

Befreiung

Uranus ist der erste der transsaturnischen Planeten. Vor seiner Entdeckung im Jahr 1781 herrschte Saturn über die Zeichen Steinbock und Wassermann. Uranus kann daher als die komplementäre männlich-luftige Ergänzung zur weiblich-erdigen Saturnenergie angesehen werden. Der Schöpfergeist, der Große Geist ist die geistige Kraft der Idee als Kristallisationskern für Verwirklichung. Uranus gibt neue Impulse, Anstöße zu Veränderungen, die immer plötzlich, unerwartet, unberechenbar sind. Nicht einmal im Zeichen seines größten Gegensatzes, im Steinbock, wird er langsam und vorhersehbar, im Gegenteil, hier bricht er eruptiv erstarrte Strukturen auf in der Art eines Erdbebens.

Uranus symbolisiert die schöpferische Uridee, die als Geistesblitz, wie ein Lichtblitz der Materialisierung vorausgeht. In der Genesis wird er als Logos, im Christentum als Schöpfergott dargestellt. (Sein Sohn, dessen Reich ‚nicht von dieser Welt' ist, entspricht dem Sonnenkönig aus dem gegenüberliegenden Zeichen Löwe.) Für inkarnierte Wesen ist sein plötzliches und überraschendes Erscheinen nicht immer angenehm – zu verletzbar sind wir auf der körperlichen und seelischen Ebene. Auf der mentalen Ebene kann Uranus sich ungehindert entfalten, das zeigt sich dann in kreativen Einfällen, originellen Ideen, sprunghaftem Denken.

Der Ursprung des uranischen Funkens liegt im Archetyp des Selbst. Seine Botschaften an uns sind oft schockartig, grell und erschreckend. Sie zeigen sich aber auch in Ereignissen der Synchronizität, wenn wir ‚in tune' sind mit dem *Kairos*, der Qualität des Augenblicks.

Uranus hilft uns, in Kontakt mit unserem Höheren Selbst zu kommen. Wenn wir auf unserem Weg zur Ganzheit vom Pfad abkommen oder stecken bleiben, befreit er uns durch überraschende Ideen und unerwartete Ereignisse von Barrieren und Einschränkungen und eröffnet uns neue Freiheiten. Sein Begleiter, die geflügelte Schlange, vereint die Gegenpole Himmel und Erde. Sie erinnert auch an Luzifer, den gefallenen Engel, der sein wollte wie Gott und zu seinem dunklen Gegenpol wurde.

Das **Zeichen**, in dem Uranus steht, zeigt, auf welche Weise wir Individualität und Freiheit erlangen können.

Das **Haus**, in dem Uranus steht, gibt Hinweise auf den Lebensbereich, in dem uns Freiheit und Unabhängigkeit besonders wichtig sind.

Personifikation der Wassermannenergie

TYPISCHE ROLLEN: ***Freigeist, Erfinder, Entdecker, Informatiker, Astrologe, Außenseiter, Freiheitskämpfer, Religionsstifter, Kommunist, Rebell, Aufrührer, Querulant, Terrorist.***

STICHWORTE: ***ändern, erneuern, revolutionieren, renovieren, reformieren, rationalisieren, neutralisieren, verbessern, befreien, überraschen, entfesseln, sprengen, explodieren, rebellieren, stören, verwirren, beunruhigen; Änderung, Neuerung, Idee, Schöpfungsgeist, Einfallsreichtum, Zivilcourage, freier Wille, Freiheit, Teamgeist, Gleichberechtigung, Neutralität, Unabhängigkeit, Trennung, Gleichmacherei.***

ZUORDNUNGEN: *Griechische Mythologie:* ***Uranos, der Grenzenlose; Kairos, der günstige Augenblick;*** *Archetyp:* ***das (höhere) Selbst; der Meister, der Großvater;*** *Körperliche Entsprechung:* ***Schilddrüse, Nervensystem, Reizleitung der Nervenzellen;*** *Metall:* ***Platin.***

XI • 11. Haus

Vision

SITUATION: Ein Meister hat eine Gruppe von Gleichgesinnten um sich geschart. Er spricht über die Verbindung von Himmel und Erde. An der Übereinstimmung seines Handelns mit seinen Worten können wir erkennen, welcher Geist aus dem Meister spricht. Geist und Materie sind nicht getrennt, der Geist ist in der Materie, die Materie im Geist.

Das elfte Haus symbolisiert den Lebensbereich, in dem unser Bewusstsein für Freiheit, Gleichberechtigung und Selbstverwirklichung zuhause ist. Hier können wir Einschränkungen nicht ertragen, Zwänge fordern uns zu Rebellion heraus und Engstirnigkeit zum Widerspruch.

Nachdem wir uns im zehnten Haus mit den Normen und Gesetzen des Kollektivs auseinandergesetzt haben, entdecken wir hier unser Recht auf eigene Meinungen, eigene Freiheiten, unsere eigene Art zu sein jenseits von kollektiven Vorgaben. Das elfte Haus steht in komplementärer Ergänzung zu den Belangen des zehnten Hauses: Auflehnung versus Norm, Aufruhr versus Ordnung, Individualität versus Konformität. Weil es leichter ist, sich solidarisch mit anderen gegen das Herkömmliche, die traditionelle Ordnung aufzulehnen, umgeben wir uns mit Gleichgesinnten. Solange wir aber etwas bekämpfen, sind wir immer noch darauf fixiert und wir laufen Gefahr, zu autoritären Vertretern des Gegenstandpunkts zu werden und damit genauso wie diejenigen, die wir bekämpfen. Wenn wir die Phase der Rebellion hinter uns haben, finden wir im elften Haus unsere eigene Meinung, unsere persönliche Zukunftsvision und wahre Brüder und Schwestern im Geiste.

Die **Energie**, die uns in Belangen des elften Hauses unterstützt, ist die Energie von Uranus. Sie hilft uns, unsere inneren Ketten zu sprengen, befreit uns von Umständen, aus denen wir herausgewachsen sind und gibt uns die Intuition, im richtigen Moment die richtige Entscheidung zu treffen. Es ist die Stimme unseres inneren Meisters, die wir hier hören können, doch sie ist leise und wir hören sie erst, wenn wir den Aufruhr in uns beruhigt haben.

Unser **Lernziel** ist Selbstverwirklichung: Werde, die/der Du bist. Der Samen, der im zehnten Haus gelegt wurde, findet im elften Haus das Idealbild seiner Art. Die Annäherung an dieses Idealbild empfinden wir als Emanzipations- und Befreiungsprozess.

Der **Falke** lädt uns ein, mit ihm über den Dingen zu kreisen. Aus einer höheren Warte ergeben sich oft neue, originelle und überraschende Perspektiven.

SPRICHWORT: ***Wo die Fahne weht, ist der Verstand in der Trompete. (Russ. Sprichwort)***

ENTWICKLUNGSHINWEISE:
Thema: ***Freunde, Gruppen, Gleichgesinnte, Gemeinschaft, Hoffnungen, Wünsche***
Aufgabe: ***Freiheit, Gleichberechtigung, Brüderlichkeit, Neutralität, Meisterschaft***
Lernziel: ***Emanzipation, Selbstverwirklichung***
Gefahr: ***der ewige Rebell zu bleiben, mit dem Haufen laufen***

♓ • FISCHE

Auflösung

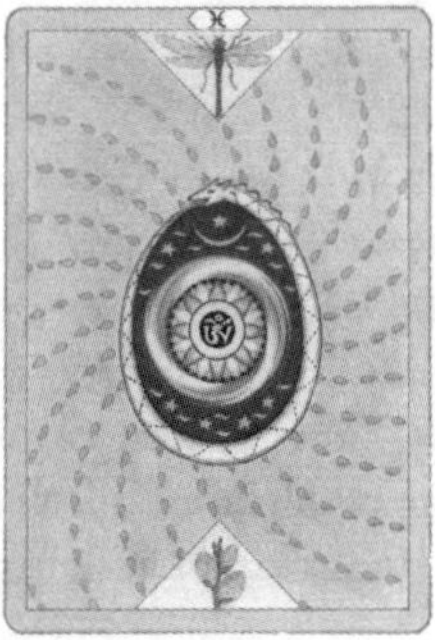

Fische ist das veränderliche Wasserzeichen. Das Gefühlselement Wasser in seiner Wandlungsphase. Wasser löst sich auf, wird zu Nebel, Dunst, Nichts. Fischeenergie ist die noch unausdifferenzierte All-Energie, in der alles in abstrakter Form, als Geistessenz, enthalten ist. Keine Begrenzungen mehr, keine Trennung, keine Unterscheidung. Hier ist nichts mehr fest und greifbar. Die Welt ist ein Traum, das Leben eine Illusion. Und umgekehrt: der Traum ist eine andere Wirklichkeit, die Illusion zu schön, um nicht wahr zu sein. Sehnsucht wird zur treibenden Kraft, Vollkommenheit zum Ideal. Meditation, Spiritualität, Mystik führen zur Wahrheit hinter der Welt der Erscheinungen.

Planetenkräfte im Zeichen Fische benötigen Harmonie und Frieden, um sich entfalten zu können. Durch sie werden wir sensibel für die subtilsten Schwingungen, die auf uns einwirken. Deshalb brauchen wir Distanz und ziehen uns gern in das Reich der Fantasie und der Träume zurück. Zurück in die Realität kommen wir dann vielleicht mit einem Sack voller Illusionen, aber vielleicht auch mit außergewöhnlichen Ideen und Lösungen für alle Lebensfragen. Die Unterscheidung ist nicht immer einfach.

In dem **Lebensbereich**, der mit dem Zeichen Fische beginnt, sind wir für alle Möglichkeiten offen. Es fällt schwer, aus der Vielzahl der

Möglichkeiten eine herauszugreifen und zu konkretisieren. Wenn wir in diesem Lebensbereich zu Klarheit finden, kann uns Neptun zur Wahrheit hinter den Dingen führen.

Wenn die **Sonne** durchs Zeichen Fische geht, bereitet sich die Natur auf einen neuen Lebenszyklus vor. Noch unsichtbar im Schoß der Erde beginnt sich neues Pflanzenleben zu regen. Schneeglöckchen und Weidenkätzchen erzählen von der Wiedergeburt des Lebens aus scheinbarer Totenstarre. Wir Menschen brechen mit Karneval und Maskentreiben aus unserem banalen Alltag aus.

Die **Libelle** beginnt ihr Leben im Schlamm der Teiche und wandelt sich zum schillernden, fliegenden Juwel. Sie erinnert uns an unsere eigenen Möglichkeiten zur Transformation.

STICHWORTE: ***feinfühlig, sensibel, sensitiv, medial, mystisch, selbstlos, fantasievoll, geheimnisvoll, unklar, verschwommen, neblig, vergesslich, unfassbar, heimlich, hilflos, machtlos, manipulativ, betrügerisch; Ideal, Fantasie, Traum, Sehnsucht, Suche, Trance, Mystik, Transzendenz, Illusion, Symbiose, Täuschung, Surrogat, Betäubung, Vergiftung, Opfer, Ohnmacht, Sucht.***

ZUORDNUNGEN:
Element: ***Wasser***
Regent: ***Neptun***
Analoges Haus: ***XII***
Monat: ***20. Februar – 20. März***
Körperregion: ***Füße, Knöchel***

♆ • NEPTUN

Sehnsucht

Neptun ist der Herrscher über die Weltmeere. Alle Ozeane sind untereinander verbunden, die Kontinente schwimmen wie riesige Inseln auf dem einen Urmeer.

Alles Leben kommt aus dem Wasser. Neptun ist der Herrscher über dieses Reich bizarrer Gestalten, in dem die Verbundenheit aller Lebewesen miteinander viel spürbarer ist als auf dem festen Land. Neptun ist unersättlich: Ihn verlangt nach immer mehr Land, nach Städten, nach Seelen, die er sich einverleiben kann. Er ist noch unersättlicher als sein Bruder Jupiter, der bekannt ist für seine Maßlosigkeit im Wünschen.

Der Planet Neptun symbolisiert unsere Fähigkeit, die Einheit und die Ganzheit allen Seins zu erkennen. Als transpersonaler Planet ist er wie eine Antenne für subtilste kosmische Energien. Er weckt in uns den Wunsch nach Symbiose – nach dem Urzustand des Einsseins, des Verbundenseins mit allem, des All-Ein-Seins. Wir kennen diesen Zustand aus der Zeit vor unserer Geburt, als unser Körper, im Urmeer des Fruchtwassers schwimmend, noch eins war mit dem Körper unserer Mutter. Doch die Erinnerung daran ist den meisten von uns nicht bewusst zugänglich, und so herrscht Neptun über den grenzenlosen Bereich des transpersonalen Unbewussten, der allen fühlenden Wesen gemeinsam ist.

Neptun entspricht dem Archetyp des Erlösers. Wovon wollen wir erlöst werden? Von all unserem Leiden, das aus unseren Wünschen und negativen Gefühlen entsteht, aus wahnhaften Täuschungen und Illusionen. Menschen, die uns Erlösung versprechen, faszinieren uns seit Jahrtausenden. Die Gefahr liegt in der Illusion: Wie oft sind wir schon falschen Erlösern nachgelaufen, die uns erst ins Leiden geführt haben, statt uns davon zu erlösen?

Neptun bringt uns die Ganzheit, die Wahrheit, den Blick hinter die Maske unserer Illusionen. Er desillusioniert, er „ent-täuscht". Doch er entschädigt uns mit Alternativen und Lösungen. Seine Begleiter, die Delfine (von griech. Delphi, Schoß) symbolisieren die Rückkehr des Bewusstseins in den symbiotischen Urzustand. Wir bleiben bewusste Wesen und sind doch fähig einzutauchen und zu verweilen im Urmeer der Ganzheit. Unser Bewusstsein dehnt sich aus, und wir erkennen, dass wir nie wirklich getrennt waren vom Ozean der Liebe und der Weisheit.

Das **Zeichen**, in dem Neptun steht, gibt Hinweise auf die Art der Ideale, die bei uns am stärksten mit Illusionen und Desillusionierungen verbunden sind.

Das **Haus**, in dem Neptun steht, zeigt uns den Lebensbereich, in dem wir am meisten nach Wahrheit suchen und deshalb besonders der Gefahr der (Selbst-)Täuschung ausgesetzt sind.

Personifikation der Fischeenergie

TYPISCHE ROLLEN: ***Wunderheiler, Medium, Träumer, Esoteriker, Musiker, Aussteiger, Alternativer, Filmschauspieler, Opfer, Sozialhilfeempfänger, Retter, Helfer, Ausgestoßener, Betrüger.***

STICHWORTE: ***träumen, einfühlen, verschmelzen, verfließen, auflösen, transzendieren, meditieren, ausweichen, nachgeben, hingeben, aufgeben, vergessen, verzichten, flüchten, täuschen, betrügen; Empfänglichkeit, Sensibilität, Sensitivität, Medialität, Auflösung, Erlösung, Absolution, Entgrenzung, Idealisierung, Verlangen, Regression, Unsicherheit, Schwäche, Wunschlosigkeit, Verschwommenheit, Nebel, Unklarheit, Wunschdenken, Sucht, Selbstbetrug.***

ZUORDNUNGEN: *Griechische Mythologie:* ***Poseidon, der Erderschütterer;*** *Archetyp:* ***der Erlöser;*** *Körperliche Entsprechung:* ***Lymphsystem, Zirbeldrüse, Hormonsystem, Melatonin;*** *Metall:* ***Aluminium.***

XII • 12. Haus

Erlösung

SITUATION: Wir befinden uns am Ruhepol unseres Bewusstseins. Im Rückzug und in der Rückbesinnung finden wir unseren inneren heiligen Ort, unseren Raum der Kraft, in dem wir zu uns selbst finden und dieses Selbst transzendieren können in der Urerfahrung des All-Ein-Seins.

Das zwölfte Haus symbolisiert den Lebensbereich, in dem wir unsere Ich-Wünsche und unsere Selbstbezogenheit überwinden können. Hier liegt unsere Verbindung zum kollektiven Unbewussten und zu dem persönlichen Beitrag, den wir ins Kollektiv einbringen können.

Nachdem wir uns im elften Haus von den Zwängen kollektiver Normen befreit und unsere wahre Identität gefunden haben, stehen wir hier vor der Aufgabe, alles Erreichte aufzugeben und uns selbst als einen kleinen Teil des großen Ganzen zu erfahren. Unsere Ich-Grenzen lösen sich auf und wir werden empfänglich für die Schwingungen unserer Mitlebewesen. Wir spüren ihr Leid, ihre Schwäche, ihr Opfersein als unser eigenes. Oder ist es unser eigenes Ego, das dem Kollektiv zum Opfer fällt?

Die **Energie**, der wir im Zusammenhang mit dem zwölften Haus begegnen, ist Neptunenergie. Durch sie lösen sich die Schranken auf, die wir gegen andere errichtet haben und wir fühlen, was sie fühlen. Buddha erkannte: Leben bringt Leiden mit sich, denn im Leben erfahren wir unweigerlich Geburt, Krankheit, Alter und Tod. Doch müssen wir uns selbst und anderen zusätzlich Leid zufügen? Wir haben die Wahl. In jedem Augenblick können wir damit aufhören, uns selbst und andere zu quälen, zu betrügen, zum Sündenbock zu machen. Dann können wir erfahren, dass Leben nicht nur Leid, sondern auch kosmische Freude ist.

Unser **Lernziel** ist, die Illusion des Getrenntseins zu überwinden, die Grenzen unseres Selbst zu transzendieren und die Einheit allen Seins zu erfahren. Dabei laufen wir Gefahr, uns aus Sehnsüchten und Wunschträumen eine Ersatzrealität zu schaffen oder uns selbst zu verlieren in Gefühlen von Hilflosigkeit, Verlorenheit und Opfersein. Aus Sehnsucht nach dem unerreichbaren Ideal verfallen wir der Sucht, der Verhaftung an die Welt der Materie und verlieren den Kontakt zu unserer Spiritualität. Dann schließt sich der Kreis und wir beginnen im ersten Haus eine neue Runde damit, unsere Fähigkeit zur Durchsetzung zu üben.

Wildgänse fliegen höher als alle anderen Vögel. Wenn sie die Kette des Himalaya überquert haben, bringen sie die Botschaft von der Befreiung des Geistes mit.

SPRICHWORT: ***Es ist nicht alles Gold, was glänzt.***

ENTWICKLUNGSHINWEISE:
Thema: ***Rückzug, Hintergrund, Alleinsein, Einsamkeit, Meditation, Symbiose, Suche***
Aufgabe: ***Hingabe, Transformation, Spiritualität***
Lernziel: ***Selbstentgrenzung, Transzendenz***
Gefahr: ***dass die Suche zur Sucht wird, Regression ins Unbewusste***

Die Mondknoten: Drachenkopf und Drachenschwanz

Zukunftsvision und Erinnerung
Das Selbst zwischen Zukunft und Vergangenheit

Die Mondknoten sind keine Himmelskörper, sondern Energiepunkte. Es sind die Punkte, an denen sich die Umlaufbahnen von Sonne und Mond überschneiden (ähnlich den Schnittpunkten zweier ineinander verschobener Ringe). Sie liegen einander immer gegenüber und verbinden die Symbolik von Sonne, Mond und Erde. Wenn Neumond oder Vollmond in die Nähe dieser Knotenpunkte fallen, entsteht eine Sonnen- oder Mondfinsternis.

Unsere Vorfahren fanden dafür das Bild des Drachen, der die Sonne oder den Mond verschlingt. Sie nannten deshalb den aufsteigenden, nördlichen Knoten Drachenkopf, den absteigenden, südlichen Knoten Drachenschwanz. Die Verbindungslinie zwischen beiden, die Drachenachse, ist die Verbindungslinie zwischen unserer Vergangenheit und unserer Zukunft, doch nicht im Hinblick auf äußere Ereignisse, sondern bezogen auf unser Handeln und die Auswirkungen unseres Handelns – unser Karma. Vom Drachenschwanz fließt ein ständiger Energiestrom in Richtung Drachenkopf: Die Energie, die aus unseren vergangenen Handlungen entsteht, sich in unserer Gegenwart auswirkt und mit der wir unsere Zukunft gestalten.

☊ • DER DRACHENKOPF

Rahu

Der Nordknoten oder Drachenkopf hat Bezug zur Sonne, zu unserem Bewusstseinsprinzip. Das Haus, in dem der Drachenkopf steht, zeigt uns den Lebensbereich, für den wir uns bewusst entscheiden müssen, wenn wir unseren karmischen Entwicklungsauftrag erfüllen wollen. Dieser Lebensbereich zieht uns an, doch macht er uns gleichzeitig Angst, weil wir nicht wissen können, was uns erwartet. Der Drache kommt uns aus der Richtung des Neuen, Unbekannten entgegen – es liegt dem Vertrauten und Gewohnten genau gegenüber. Wenn wir nach vorn schauen statt zurück, können wir uns vom Schicksalszwang befreien und die in der Vergangenheit erworbenen Fähigkeiten nützen für die neuen Aufgaben, die uns zugedacht sind.

Es geht also nicht einfach darum, vertraute Fähigkeiten und Verhaltensweisen hinter uns zu lassen und uns kopflos ins Unbekannte zu stürzen. Vielmehr sollten wir die positiven Kräfte aus unserer Vergangenheit nützen und aus ihnen Energie für unser Entwicklungsziel schöpfen. Es gilt, die negativen Kräfte aus falschen Verhaltensweisen zu erkennen und so umzuwandeln, dass mit ihrer Hilfe positive Ergebnisse entstehen.

☋ • DER DRACHENSCHWANZ

Ketu

Der Südknoten oder Drachenschwanz, der absteigende Mondknoten, hat Bezug zum Mond. Er ist der Speicher vergangener Taten, Gefühle und Gewohnheiten. Sie sind Vergangenheit, vielleicht aus diesem Leben, vielleicht aus früheren Leben, doch sie wirken in die Gegenwart hinein und beeinflussen unser Handeln im Hier und Jetzt. Weil es sich um oft wiederholte, altvertraute Verhaltensweisen und Reaktionsmuster handelt, nehmen wir immer wieder Zuflucht zu ihnen, wenn wir in schwierigen Situationen sind. Gerade dann sollten wir versuchen, alte Verhaltensweisen loszulassen und neue Lösungen für unser Problem zu finden. Doch das Altbekannte gibt Sicherheit. Es hat sich doch schon so oft bewährt! Und so geraten wir immer wieder in den gleichen, scheinbar schicksalhaften Kreislauf.

Die Anwendung der Astrologiekarten

Zeichen, Planeten, Häuser, die vier Kardinalpunkte und zwei weitere Kraftpunkte, die Mondknoten, sind die 42 Hauptfaktoren des Horoskops, die auf den Astrologiekarten bildhaft dargestellt sind. Mit ihnen lassen sich einzelne Konstellationen und das Horoskop im Ganzen legen.

Es gibt auch die Möglichkeit, ohne ein Horoskop mit den Karten zu arbeiten. Diese Variante ist besonders geeignet, um aktuelle Fragen zu stellen. Mit ihr kann man auf bildhafte Weise die einzelnen astrologischen Grundbausteine kennenlernen und damit einen spielerischen Zugang zu den kosmischen Grundenergien finden.

Die drei Karten eines jeden Urprinzips stellen ein bildhaftes Kompendium der jeweiligen Urenergie dar. Sie enthalten die Essenz dieser Energie, etwa in der Art eines homöopathischen Mittels. Die Symbolik der Darstellungen folgt der Signaturlehre. Über das Phänomen der Resonanz bringen sie im Betrachter die entsprechende Saite zum Klingen. Daher kann man beim Betrachten die jeweilige Energiequalität in komprimierter Form aufnehmen und in sich zum Schwingen kommen lassen.

Die Erläuterungen zu den Karten sind bewusst so gehalten, dass nicht jedes einzelne Symbol erklärt wird. Dem Betrachter soll Raum gegeben werden, die Karten auf sich wirken zu lassen, und damit eigene Erinnerungen, Assoziationen, Träume anzuregen. Der Betrachter kann dabei Intuition und Kreativität – und nicht seinen Intellekt einsetzen, den wir in Schule, Arbeitswelt und Alltag schon oft genug anwenden müssen.

Empfehlenswerte Vorbereitungen für eine Sitzung mit den Astrologiekarten

Wählen Sie einen ruhigen, harmonischen Ort, an dem Sie für die gewünschte Zeit ungestört bleiben. Tragen Sie möglichst bequeme Kleidung, zünden Sie vielleicht eine Kerze an und legen Sie meditative Musik auf, falls das zu Ihrer Einstimmung beiträgt.

Nehmen Sie eine entspannte Haltung ein. Atmen Sie einige Male langsam und bewusst ein und aus. Lassen Sie den Alltag hinter sich und kommen Sie zur Ruhe. Betrachten Sie die Karte(n) ohne irgendwelche Erwartungen, Absichten oder sonstige Leistungsansprüche. Versuchen Sie, die Stimme des logischen, diskursiven Denkens zum Schweigen zu bringen. Öffnen Sie sich für die Stimme Ihrer inneren Weisheit, die Sie zu einem tieferen Verständnis Ihrer Situation und zu kreativen Antworten auf Ihre Fragen führen möchte.

Sehr empfehlenswert ist es, sich Papier und Stifte zurecht zu legen, um die Gedanken und Einfälle, die beim Betrachten der Karte auftauchen, festzuhalten. Im Lauf der Zeit kann man anhand der Aufzeichnungen Entwicklungsprozesse feststellen, die sonst vielleicht unbemerkt blieben. Es lohnt sich auch, auf Träume zu achten (besonders, wenn man die Kartensitzung vor dem Schlafengehen macht) und auf Erlebnisse, die man in den Tagen nach einer Sitzung hat.

Das Mischen der Karten dient dazu, Resonanz zwischen Ihnen, Ihrem Thema und den Karten aufzubauen. Deshalb ist es hilfreich, sich während des Mischens auf das aktuelle Thema zu konzentrieren. Sie können die Karten entweder in einer Reihe auslegen und mit der linken (meist der intuitiveren Hand) ihre Wahl treffen oder dreimal abheben und die oberste(n) Karte(n) des ersten Stapels umdrehen.

Sie können den Bedeutungsbereich jeder Karte erweitern, indem Sie noch die anderen Karten des jeweiligen Urprinzips (erkennbar am gleichfarbigen Rand) in Ihre Betrachtungen einbeziehen.

Legemöglichkeiten ohne Horoskop

Einstimmung auf eine der zwölf Urenergien

Für dieses Spiel können Sie die Karte bewusst auswählen: vielleicht eine Karte, die Sie besonders anspricht, die Ihrem Sonnenzeichen entspricht oder Sie aus irgendeinem anderen Grund interessiert. Sie können die Auswahl auch dem Zu-Fall überlassen und eine beliebige Karte ziehen.

Betrachten Sie die Karte, notieren sie die Gedanken, Gefühle, Empfindungen, Erinnerungen, eventuell auch die äußeren Ereignisse, die während Ihrer Konzentrationsphase auftreten. Wenn Sie nach einiger Zeit das Bedürfnis verspüren, mehr über die Bedeutung der Karte zu erfahren, lesen Sie im entsprechenden Textteil nach. Versuchen sie sich zu erinnern, wann und wo Ihnen das betreffende Urprinzip zuletzt begegnet ist. Was hat dieses Erlebnis für Sie bedeutet?

Variation

Sie können auf diese Weise auch die Qualität der vier Elemente erforschen, indem Sie die drei Sternzeichenkarten eines Elements (Feuer – rot, Erde – grün, Luft – gelb, Wasser – blau) aussuchen. Was haben sie gemeinsam? Wie unterscheiden sie sich? Welche Planeten sind ihnen zugeordnet, welche Lebensbereiche? Zusammen ergeben sie ein Ganzes. Worin liegt die Ergänzung?

Immer zwei Elemente brauchen einander: Wasser und Erde; Feuer und Luft. Wasser nährt Erde, Erde gibt dem Wasser Halt. Luft nährt Feuer, Feuer setzt Luft in Bewegung. Was passiert bei den anderen Kombinationen?

Die Zeitqualität erfahren mit der Mondkönigin

Dieses Spiel ist ein Experiment, das Sie über einen oder mehrere Mondzyklen fortsetzen können. Es hilft, ein Gefühl für sich selbst und für die Zeitqualität zu entwickeln. Hier ist es besonders sinnvoll, ein Tagebuch zu führen, um Ähnlichkeiten und Wiederholungen feststellen zu können.

Sie brauchen dazu einen Mondkalender, aus dem Sie ersehen können, in welchem Zeichen sich der Mond gerade befindet. Der Mond benötigt rund zweieinhalb Tage, um durch ein Zeichen zu wandern. Suchen Sie die entsprechende Zeichenkarte heraus und stellen Sie die Karte an einen Platz, an dem Sie sie während dieser Zeit immer wieder ansehen können. Welche Erlebnisse und Erfahrungen machen Sie? Welche Ereignisse treten ein, die zur jeweiligen Energiequalität passen? Welche Tätigkeiten fallen Ihnen jetzt leicht? Was fällt Ihnen schwer? Treten irgendwelche Empfindungen auf in den Körperteilen, die dem jeweiligen Zeichen, oder in Organen, die dem entsprechenden Planeten zugeordnet sind? Wie verlaufen Ihre Beziehungen und sozialen Kontakte? Wie fühlen sich Neumond und Vollmond in den unterschiedlichen Zeichen an?

Variation

Wenn Sie Ihr Geburtshoroskop kennen, können Sie auch den Lauf des Mondes durch die Häuser verfolgen und seine Auswirkung auf den entsprechenden Lebensbereich.

Die Karten als Orakel

Die Astrologiekarten können helfen, alte Probleme aus einer anderen Perspektive zu betrachten. So können Sie zu neuen Einsichten und Lösungsmöglichkeiten gelangen.

Nehmen Sie zu Beginn des Spiels immer eine entspannte, aber aufrechte Haltung ein und versuchen Sie, das Thema, um das es geht, einzukreisen und sich zu verdeutlichen. Formulieren Sie nun Ihre Frage oder Ihr Anliegen und konzentrieren Sie sich darauf beim Mischen der Karten.

Wenn Sie eine **Zeichenkarte** ziehen, gibt die Karte Hinweise auf ein ‚Wie' – auf bestimmte Eigenschaften, Erfahrungsqualitäten, Verhaltensweisen im Zusammenhang mit Ihrer Frage.

Planetenkarten verweisen auf psychische Fähigkeiten und Kräfte, darauf, ‚wer, handelt.

Häuserkarten zeigen den Lebensbereich an, der in diesem Zusammenhang von Bedeutung ist – ‚wo' etwas geschieht.

Die Karten der Kardinalpunkte sind Entscheidungskarten. Sie sind neutral, eine zusätzlich gezogene Zeichenkarte gibt ihnen ihre aktuelle Energiequalität.

Die Mondknoten geben Hinweise auf kausale Zusammenhänge, folgenrciche Handlungen; sie können ebenfalls durch eine weitere Karte, besonders durch eine Häuserkarte ergänzt werden.

Variation

Sie können auch die Karten vor dem Mischen nach Zeichen, Planeten und Häusern sortieren, wenn Sie schon wissen, aus welchem der drei Bereiche sie eine Antwort erhalten wollen. Oder Sie ziehen aus jedem Bereich eine Karte und bekommen dann Hinweise auf Energiequalität, psychische Kraft und Lebensbereich.

Legemöglichkeiten mit Horoskop

Aus der Vielzahl der Möglichkeiten, mit den Astrologiekarten das eigene Horoskop zu erforschen, seien hier nur folgende ausgewählt:

Betrachten der Elementeverteilung und Kennenlernen der Aspekte

Suchen Sie anhand Ihres Horoskops die Zeichenkarten heraus, in denen sich die Kardinalpunkte und Planeten befinden und legen Sie diese vertikal übereinander. An der Farbe sehen Sie auf einen Blick, ob die Elemente gleichmäßig verteilt sind oder ob eines oder mehrere überwiegen beziehungsweise fehlen. Legen Sie nun die Planetenkarten neben die Zeichen, in denen sie im Horoskop stehen. Beginnen sie mit Sonne und Mond, AC, Merkur, Venus, Mars. Jetzt sehen Sie die Gewichtung der einzelnen Elemente. Welche Ihrer inneren Schauspieler spielen in ähnlichen Farben? Welche treten in Komplementärfarben auf? Wer passt zu wem? Wer ergänzt wen? Versuchen Sie, herauszuspüren, wie sich Ähnlichkeiten und Ergänzungen dieser persönlichen psychischen Kräfte in Ihrem realen Leben äußern. Wo fließt die Energie reibungslos? Wo haben Sie Schwierigkeiten? Wo haben Sie kreative Lösungen für widersprüchliche Energien gefunden?

Variation

Spielen Sie das Gleiche mit den Häuserkarten durch.

Vorschlag: Suchen Sie Karten von zwei Planeten aus, deren Zusammenspiel in Ihrem Leben Sie genauer kennenlernen möchten. Stellen Sie die ausgewählten Karten für einige Stunden oder Tage an einen Platz, an dem Sie sie immer wieder sehen können. Achten Sie darauf, in welcher Weise die beiden Energien sich in dieser Zeit zeigen.

Erforschen der Kardinalpunkte (AC, DC, MC, IC)

Suchen Sie gegenüberliegende Karten aus (AC/DC oder MC/IC) und legen Sie die Zeichen aus Ihrem Horoskop dazu. Stellen Sie sich dann folgende oder ähnliche Fragen: Was ist meine Motivation für dieses Erdenleben? Wie gehe ich auf andere Menschen zu? Welche Energiequalität gibt mir seelische Geborgenheit? Welche Energiequalität kann ich im Lauf meines Lebens immer mehr verwirklichen?

Falls Planeten an einem der Kardinalpunkte stehen, legen Sie die Karte des jeweiligen Planeten dazu und fragen Sie sich, wie diese psychische Kraft Ihnen in der jeweiligen Angelegenheit hilft oder ob Sie vielleicht Schwierigkeiten damit haben.

Vorschlag: Karten der Energien oder Kräfte, mit denen Sie einen besseren Kontakt wünschen, können Sie in der oben beschriebenen Weise an einen geeigneten Platz stellen und immer wieder betrachten.

Die Sonne erforschen

Suchen Sie die Karte Ihres Sternzeichens heraus und legen Sie sie neben den Sonnenkönig. In welchem Element ist er zuhause? Bei welcher Art, zu regieren, fühlt er sich am wohlsten? Für welche Ziele setzt er sich ein, was sind seine Stärken?

In welchem Haus steht Ihre Sonne? Betrachten Sie die entsprechende Häuserkarte. Welche Rolle spielen diese Lebensbereiche in Ihrem Alltag? Wie fühlen Sie sich, wenn Sie mit den entsprechenden Themen zu tun haben? Befinden sich Planeten in der Nähe Ihrer Sonne? Oder im gleichen Gradbereich in anderen Zeichen? Das sind die Planetenkräfte, mit denen Ihr Sonnenkönig am engsten zusammenarbeitet. Legen Sie die entsprechenden Planetenkarten zur Sonnenkarte. Wer sind die Berater Ihres Königs? Kann er ihnen vertrauen? Wie beraten sie ihn? Welche Elemente sind beteiligt, wie fließt die Energie zwischen ihnen?

Sie können das Gleiche mit den anderen Planeten durchspielen.

Das ganze Horoskop legen

Für dieses Spiel brauchen Sie eine ausreichend große ebene Fläche (zirka einen Quadratmeter) und viel Zeit. Es ist ein Selbsterfahrungsspiel für einen längeren Zeitraum, vielleicht für lange Winterabende.

Legen Sie zunächst die Kardinalpunkte an ihren Platz (AC links, MC oben) und dann die Häuserkarten in einen Kreis, indem Sie mit dem ersten Haus beim Aszendenten beginnen und gegen den Uhrzeigersinn fortfahren. Jetzt können Sie nach und nach die übrigen Karten entsprechend Ihrem Horoskop dazu legen. Es empfiehlt sich, nicht alle Karten sofort auszulegen, sondern die einzelnen Bereiche des Horoskops schrittweise aufzubauen.

Beispiel

Beginnen Sie mit dem Zeichen des Aszendenten und legen Sie die entsprechende Zeichenkarte an ihren Platz beim AC. Fragen sie: Was ist meine Anlage, meine Motivation?

Legen Sie dann die Sonne und ihr Zeichen zum jeweiligen Haus und fragen Sie: Wie kann ich mich verwirklichen, wo finde ich meine Identität? In welchem Haus und welchem Zeichen steht der Mond? Hier finden Sie Ihre emotionale Identität, die Ergänzung zum bewussten Ich der Sonne.

Legen Sie nun die Zeichenkarte des MC an ihren Platz und fragen Sie sich, inwieweit Sie diese Qualitäten zufriedenstellend in Ihr Leben integriert haben. Wie passen Anlage, Verwirklichung und Lebensziel zusammen? Können sie alle drei in Ihrer Realität wiederfinden oder wird eine davon vernachlässigt?

Weitere Schritte

Suchen Sie als nächstes den Planeten heraus, der Ihrem Aszendentenzeichen zugeordnet ist und legen Sie die Karte zu dem Haus, in dem dieser Planet in Ihrem Horoskop steht. Das ist der Lebensbereich, in dem Sie Ihre Anlage am wirkungsvollsten einsetzen können. Wie sieht das in Ihrem realen Leben aus? Sind Sie damit zufrieden? Gibt es etwas zu verbessern? In welchem Zeichen steht dieser Planet?

Wenn sich Planeten in der Nähe des Aszendenten befinden, können Sie die entsprechenden Planetenkarten ebenfalls dazu legen. Wirken diese Kräfte hilfreich für die Durchsetzung Ihres Lebenswillens? Können Sie sich mit ihnen identifizieren? Mit welchen Planeten steht die Sonne in Kontakt?

Als nächstes können Sie in entsprechender Weise das MC untersuchen, die verschiedenen Lebensbereiche, die Planetenkräfte, und so Schritt für Schritt Ihr Horoskopmandala aufbauen und es mit den tatsächlichen Erfahrungen in Ihrem Leben vergleichen. Welche der Planetenkräfte können Sie so leben, dass daraus für Sie und Ihre Mitmenschen Lebensfreude und Zufriedenheit entstehen? Welche Kräfte vernachlässigen Sie, welche sind blockiert? Welche können Sie aktiv einsetzen, welche erleben Sie mehr passiv, gehemmt? Welche Kräfte überkompensieren Sie, so dass Ihnen und anderen Nachteile daraus entstehen?

Immer wenn Sie eine Energiequalität, eine Planetenkraft oder einen Lebensbereich klären, stärken, ans Bewusstsein holen wollen, können Sie die jeweilige Karte an einem geeigneten Platz aufstellen und wirken lassen. Die Wirkung ist subtil, ähnlich der eines homöopathischen Mittels. Nach und nach werden Sie die jeweilige Kraft immer besser in Ihr Leben integrieren können.

VORSCHLAG: Sie können die Karten in einem großen Kreis am Boden auslegen, und Ihr Kosmogramm von der Mitte aus betrachten, auf sich wirken lassen, darüber meditieren.

Dieses Spiel ist das Spiel Ihres Lebens und Sie spielen es, mit oder ohne Karten, Ihr ganzes Leben lang.

ÜBER DIE AUTORIN

Franziska Rudau, geboren 1947, studierte Psychologie in München und absolvierte die Ausbildung zur Heilpraktikerin. Ihr Interesse galt schon früh der Mythologie und Symbolik, den matriarchalen Kulturen und dem Tarot. Während der Studienzeit begann sie, sich mit Buddhismus zu beschäftigen, praktiziert seither Yoga und Meditation und vertiefte ihr Wissen darüber auf Reisen durch Sri Lanka und Indien.

Seit mehr als 20 Jahren befasst sich Franziska Rudau mit Astrologie und der Psychologie C. G. Jungs. Seit 1987 bietet sie astrologisch-psychologische Beratungen an; 1992 eröffnete sie eine Naturheilpraxis für Klassische Homöopathie und Ernährungsberatung.

Kontakt und weitere Informationen zu astrologischer Beratungen und Gesprächen:
www.astrologiekarten.de
E-mail rudau@astrologiekarten.de

Hermann Schweyer, Marianne Scherer

Die Kabbala Lebensanalyse

Das Energiebild unseres Lebensweges Set mit Buch, Karten und Berechnungs-Programm auf CD

Hinter jedem Namen und Geburtsdatum verbirgt sich ein Energiebild. Diese energetische Momentaufnahme wird aus dem Herz der uralten westlichen Mysterienschule, der Kabbala, abgeleitet. Das zentrale Symbol der Kabbala ist der Lebensbaum als Abbild universaler Gesetze. In diesem Set offenbart der Lebensbaum über die Umsetzung in ein persönliches Energiebild die Lebensziele und Lernaufgaben, also den Entwicklungsweg eines jeden Menschen. Die Kabbala wird hier als Beschleuniger und Transformator auf dem Weg zur Selbstverwirklichung eingesetzt. Dabei ist die Kabbala einzig Anregung – der Erkennende ist der Mensch, der das Erkannte bewusst und im Einklang mit seinem Selbst umsetzt.

Handbuch mit 176 Seiten, 22 Kabbala-Karten, mit Berechnungs-Programm auf CD

ISBN 3-89385-419-3

www.windpferd.de

Ulrike Hinrichs

Die großen Erzengel-Karten

Lichtvolle Helfer aus der geistigen Welt · Botschaften, Meditationen, Affirmationen und Legetechniken · Set mit einem Handbuch und 18 Erzengel-Karten

„Die großen Erzengel-Karten" – ein liebevoll gestaltetes Set, bestehend aus 18 Erzengel-Karten und einem begleitenden Handbuch. Karten und Text bilden zusammen einen 18-stufigen Einweihungsweg in die Welt des Lichts. Auf diesem Weg wird man von einer Aufgabe hin zur nächsten Gabe geführt, um schließlich mit dem Herzen sehen zu können.
Im Handbuch finden sich kurze Stichworte, die Wesen und Aufgabe des Engels zusammenfassen, zudem ausführliche Beschreibungen der Energie der Erzengel und ihre Botschaften an den Menschen, ergänzt durch Affirmationen und Meditationen.

Set mit 18 Karten + Handbuch mit 112 Seiten
ISBN 3-89385-332-4

www.windpferd.de